Gin
genießen

Geschichte und Geschichtchen, Trends und Cocktails

TEXTE VON Davide Terziotti und Vittorio d'Alberto

FOTOGRAFIEN VON Fabio Petroni

COCKTAILS VON Ekaterina Logvinova

Inhalt

الحصر وسلح العضل و
القوى واوجاع الارحام ه

لوائى وهو الابهل

ومر الناس مر سمه انتو وطور وهو صعار احدهما اسبه ورفه ورو الشيرو وهو
اكثر شا كار معرمه من الابهال كرف الراحه وهو بلرهن فى العضر اكثر منها والطول
ومر الناس مر سنعملو ورها
بلر النحمه والصنف الاخر
ورفه سبه ورو الطرفا
ورو كلى الصعار منع
سعى الفروج الخشنه وسكر
الاكله ولا الاورام الحاره و
اذا ضمد به نقى سواد الخلد
وان ساحه الى نعرض وصول
البدر وعسر منه كرمه
اللحم واذا اشرب ابال الرم
واسقط الجنر واذا احمل
وترجره فعلرلك وهل
يقع فى اخلاط ادهان
مسنه وحاصه واخلاط دهر عصير العنب

Einleitung

Der Ursprung vieler alkoholischer Getränke liegt in den therapeutischen Eigenschaften, die den Kräutern zugeschrieben wurden, aus denen sie gemacht werden. Die Geschichte des Gins gleicht der vieler Speisen und Getränke und beschreibt Erfolge, Misserfolge und Wiedergeburten, auch unerwartete. Der Gin ist trotz aller Abwandlungen untrennbar mit seiner namengebenden Pflanze verbunden, dem Wacholder. Bereits in der Antike wurde er in vielen medizinischen Rezepturen zitiert. Schon die alten Ägypter beschrieben im *Papyrus Ebers* den Einsatz des Wacholders zur Heilung von Gelbsucht. Neros griechischer Arzt Pedanios Dioskorides empfahl, Wacholderbeeren in den Wein zu mischen, um Lungenkrankheiten zu heilen. Plinius der Ältere sang in seiner *Naturalis Historia* wahre Loblieder auf den Wacholder, besonders vermischt mit Wein, und in einer Arbeit der Scuola Medica Salernitana, um das Jahr 1000 datiert, heißt es allgemein verständlich und schön gereimt ungefähr so: „Wacholderbeeren sind günstig zu erwerben und nicht giftig, aber für eine gute Medizin überaus wichtig." Sogar während der Hochzeit der Wissenschaftlichen Revolution im 17. Jahrhundert beschrieb Nicolas Lémery in seinem Werk *Pharmacopie univer*

4 • Eine Zeichnung des Sadebaums (Juniperus sabina) *aus der arabischen Version von Pedanios Dioskorides'* De Materia Medica.

selle Dutzende Rezepturen mit Wacholder, oftmals in Verbindung mit Alkohol.

Wenn wir vom Gin und seiner Geschichte sprechen, sprechen wir von all den Geschichten über dieses Destillat, einer jahrhundertelangen Entwicklungsreise, die eng mit der Funktion des Getränks als Medium und Instrument verbunden ist und ihr Ende noch nicht gefunden hat. Gerade das macht den Unterschied zu vielen anderen Destillaten aus.

Nach seiner Entstehung für medizinische Zwecke und seiner Weiterentwicklung zum Mixgetränk sind erst in letzter Zeit neue Gin-Sorten kreiert worden, die pur getrunken werden.

Bevor wir in diese Geschichte eintauchen, haben wir vorab noch einige wichtige Informationen: Der Genever ist der holländische Verwandte des Gins, auf den wir hier aber nur am Rande eingehen werden, obwohl er eine wichtige Rolle in der Geschichte des Gins und seiner Entwicklung spielt. Wir verwenden den Oberbegriff „Botanicals" für alle aromagebenden Substanzen des Gins, wie beispielsweise Zitrusgewächse, Kräuter und Gewürze, auch wenn es manchmal wissenschaftlich nicht ganz korrekt sein mag. Bei der Auswahl der hier vorgestellten Gins mussten wir uns aus Hunderten von Marken für zweiunddreißig entscheiden, die einen Großteil der unterschiedlichen Stile, Herstellungsarten, organoleptischen Charakteristiken und Herkunftsgebiete repräsentieren. Die hier vorgestellten Cocktails sind hauptsächlich von den Klassikern inspiriert, einige davon stammen aus den Anfängen des Cocktailmixens im 19. Jahrhundert, denen wir ein paar moderne Interpretationen hinzugefügt haben.

6 • Miniatur eines Weinfasses in einer Reproduktion (16. Jahrhundert) der Naturalis Historia *von Plinius dem Älteren.*

Geschichte

Der Gin ist ein „Geist", eine Bezeichnung, die auf den alchemistischen Corpus von Dschabir ibn Hayyan, latinisiert in Geber, zurückgeht, der auf alchemistischen und religiösen Konzepten basiert. Die Geschichte des Gins beginnt hier, im Persien des ausgehenden 8. Jahrhunderts, einer Zeit voller Plagen, aber auch Entdeckungen, wie die der fraktionierten Destillation, die erstmals von Dschabir ibn Hayyan beschrieben wurde. Der Schlüssel war die Transformation der Alchemie, die als rein esoterische Kunst galt, in ein Buch, das seinen Siegeszug rund um die Welt antrat. Obwohl der Prozess der Destillation vermutlich früher auf dem indischen Subkontinent seine Geburtsstunde erlebte und anderen Zwecken diente, war es dieses in mehrere Sprachen übersetzte Werk, durch das wir das Prinzip der Destillation und die notwendigen Geräte, wie den Alambic, kennenlernten. Der daraus gewonnene „Geist" ist magisch und eröffnete unzählige Möglichkeiten, darunter die Herstellung von Arzneien. Die Erklärung der Krankheiten basierte in der Antike hauptsächlich auf der Humoraltheorie von Hippokrates, die von Galen weiterentwickelt wurde. Nach dieser Theorie ist der Zweck jeder Medizin, aber auch der Ernährung, eine Ausgewogenheit der vier Körpersäfte, die sogenannte Eukrasie. Vieles in der Küche der Renaissance basierte auf dieser Theorie, und Gewürze waren wichtig, um das „Feuer" zu stimulieren. Die Nachfrage war so groß, dass sie großen Seefahrern die entscheidenden Impulse gab, besonders nachdem durch den Fall Konstantinopels die Landwege versperrt waren.

9 • Dschabir ibn Hayyan, dargestellt in einem Manuskript der Biblioteca Medicea Laurenziana von Florenz.

Die Humoraltheorie hatte in bestimmten Kreisen bis in das 17. Jahrhundert Bestand und wurde nach und nach durch wissenschaftliche Methoden verdrängt.

Der Wacholder ist nicht nur für medizinische Zwecke eine bedeutende Pflanze. Sein Holz wurde zur Herstellung von Behältern und Fässern benutzt, die auch in der Produktion von traditionellem Balsamessig Anwendung fanden. Das Holz war aber auch bei Schwarzbrennern überaus beliebt: Es erzeugt beim Verbrennen große Hitze und kaum Rauch und erregte deshalb nicht den Verdacht der Steuerfahnder.

Das erste Destillat auf Wacholderbasis entstand vermutlich in Italien: Die Kunst des Destillierens verlagert sich nach Salerno, denn dort gibt es eine medizinische Lehranstalt, die Scuola Medica Salernitana, die im 11. Jahrhundert gegründet wurde, die bedeutendste des Hochmittelalters ist und dank ihrer Kontakte zur arabischen Welt die Destillation in die westliche Welt einführte. Das erste dokumentierte Beispiel eines mit Wacholder aromatisierten Getränks, eine Art Prototyp des Gins, stammt in der Tat aus Salerno. Um das Jahr 1000 herum zählten die ansässigen Benediktinermönche zu den Ersten, die einen botanischen Garten anlegten zu dem Zweck, aus den Pflanzen die aktiven Wirkstoffe zu extrahieren. Sie versuchten zum ersten Mal, ein Destillat aus Wacholder herzustellen, um die wohltuenden Eigenschaften dieser weit verbreiteten Pflanze verfügbar zu halten. Die Scuola Medica Salernitana erwähnt die Salbung mit Wacholderöl gegen das Quartanfieber, ein intermittierendes Fieber, das alle vier Tage auftritt, ein typisches Symptom der Malaria, eine Krankheit, deren Wege sich ausschlaggebend mit der Geschichte des Gins kreuzen sollten.

Die Grundlage für die Alkoholproduktion waren vermutlich Weintrauben, und es ist sehr wahrscheinlich, dass das Resultat im Wesentlichen das Aroma eines Wacholder-Grappas hatte. Das ist ein Schlüsselpunkt dieser Geschichte: Dem Weingeist wurde Wacholder hinzugefügt. Diese Mischung wird verfeinert, verbreitet sich und tritt eine wechselhafte Reise an, bis sie zu dem Gin wird, den wir heute kennen. Diese Reise kreuzt auch die Wege einer heute fast vergessenen Wacholderart, des in Süditalien und Sardinien verbreiteten Phönizischen Wacholders *(Juniperus phoenicea)*, der zwar ein besonderes Aroma, aber dieselben Wirkstoffe hat.

Um das Jahr 1000 beginnt eine Reise durch die Welt

Die Geschichte des Gins beginnt als Destillat auf Wacholderbasis um das Jahr 1000 im Mittelmeerraum und verlagert sich Richtung Norden, wo man ihm Form verleiht und ihn verfeinert. Diese Entwicklung fällt mit der Ausbreitung der Pest in ganz Europa zusammen. Der schwarze Tod rafft – die Jahreszahl 1348 gilt als symbolträchtig – mehr als ein Drittel der Bevölkerung Europas dahin.

11 • Die Ärzte der Scuola Medica Salernitana behandeln den im Ersten Kreuzzug verwundeten Herzog Robert II. aus der Normandie (Miniatur aus dem 14. Jahrhundert).

Auch die flämischen Alchemisten singen Loblieder auf die Beeren. Der Schriftsteller Jacob van Maerlant empfiehlt im 13. Jahrhundert in seiner Naturenzyklopädie *De Naturen Bloeme* ihre Verwendung in verschiedenen Rezepturen, darunter auch, sie mit Wein aufzukochen, hauptsächlich um Magenschmerzen zu lindern, aber auch zur Vorbeugung gegen die Pest. Die Ärzte beginnen den Mechanismus der Ansteckung zu verstehen und sind überzeugt, dass sich der Pesterreger in der Luft befindet. Sie machen sich die stark aromatischen Eigenschaften des Wacholders zunutze und räuchern damit die Häuser aus, ein halb ritueller und halb empirischer Versuch, die Ansteckung zu verhindern. Durch die Verbreitung dieser Ausräucherungen und des Destillats auf Wacholderbasis erreicht der Gin auch die Niederlande. 1351 schreibt Johannes de Aeltre in seinem Traktat *Aqua vitae*: „Es lässt die Traurigkeit vergessen und macht die Menschen froh und mutig." Der Gin ist nicht mehr nur Medizin. Seine Reise durch die Niederlande, Handelszentrum mit lebendigem kulturellem Leben, ist nicht nur in Bezug auf Daten und Namen bedeutend, sondern hier ändert sich auch sein aromatisches Profil und er gewinnt schnell an Beliebtheit. In den Niederlanden trifft der Gin auf einen Malzwein, den Moutwijn, und erhält eine weitere Grundcharakteristik: Er bekommt Alkohol als Basis, denn das ist Gin, die Vereinigung zwischen einem Basisalkohol und einer Rezeptur aus Kräutern, Wurzeln und Wacholder im Destillierapparat. Philippus Hermanni schreibt 1552 den Traktat *Een Constelijck DiStilerboec*, ein wahres Handbuch der Destillation. In den darauffolgenden Jahren führt eine Weinknappheit aufgrund von Missernten und dem jahrzehntelangen Unabhängigkeitskrieg gegen Spanien, der 1568 begann, dazu, dass Getreide in der Gin-Herstellung verwendet wird. Durch den Krieg verlieren die Niederlande an Einfluss und organisieren sich rund um die Provinz Holland neu. Viele fliehen nach England und nehmen die Kunst des Destillierens mit. Bis 1606 galt auf flämischem Gebiet für alle Spirituosen der Allgemeinbegriff *Brandy*, und ab diesem Zeitpunkt wurde in einem Gesetz der Holländischen Republik der Begriff *Genever* eingeführt, mit gleicher Bedeutung und Besteuerung wie Brandy. Dieses auf Gin basierende Getränk gewinnt an Popularität und nimmt eine ganz eigene Identität an. Dank der Ostindien-Kompanie sind Kräuter und Gewürze, früher Luxusgüter, weitläufig verfügbar und verändern den Geschmack der Getränke. Der Genever ist eine bedeutende Station auf dem Weg zum modernen Gin. Die Familie Bols, seit 1575 in der Spirituosen-produktion, nimmt den Genever in ihr Sortiment auf und wird Aktionärin der Ostindien-Kompanie, um die Versorgung mit Gewürzen sicherzustellen. Der niederländische *Moutwijn* ist neben der Methode der kontinuierlichen Destillation, einer technischen Revolution des 19. Jahrhunderts, das Sprungbrett für den heutigen Gin. Der Genever ist auch heute noch unter diesem historischen Namen auf dem Markt und in modernen Cocktails sehr angesagt.

Das „Englische Fieber" und die Entstehungs-voraussetzungen für „Gin-Dynastien"

Die Geschichte vermischt sich mit Legende: Es heißt, dass sich die Soldaten Wilhelms von Oranien im Dreißigjährigen Krieg mit Genever Mut angetrunken hatten, bevor sie aufs Schlachtfeld gingen, die berühmte „Dutch Courage". Durch den Krieg, eine kummer-volle Thronfolge und eine Eroberungskampagne, deren Auswirkungen in Nordirland bis heute präsent sind, kam der Gin auf die Britische Insel, nach London, und dort geht seine turbulente Reise weiter. Wir befinden uns im 17. Jahrhundert, die Neue Welt war entdeckt worden, dank effizienter Handelsrouten beginnt der erste interkontinentale Austausch. Wilhelm III. kommt 1688 in England an die Macht und liberalisiert die Alkoholproduktion. Die Höher-gestellten trinken weiterhin hochwertige Spirituosen, darunter auch Genever, während die ärmeren Schichten schlechte Kopien davon herstellen. Mit dem Gin kommt eine weitere Plage, schlimmer noch als die Pest: der Alkoholismus, der dank der einfachen Herstellung von Schnaps immer schneller um sich greift. Gin wird zum Synonym für den „Ruin der Mütter". Vermutlich handelt es sich um sehr minderwertigen Gin, unter Verwendung von aus Pflanzenharz hergestelltem Terpentinöl, der sogar tödlich sein kann. Dennoch ist seine Verbreitung durch Hunderte von Heimdestillerien nicht aufzuhalten. Allein in London gibt es über siebentausend Abgabestellen, darunter auch Friseurläden, und die jährliche Destillation beträgt zehn Millionen Gallonen. Gin ist das Getränk der Armen und gilt in manchen Fällen sogar als Lohnersatz im Wert von zwei Pence pro Gallone; Bier ist wesentlich teurer, über vier Schilling die Gallone. Die Regierung schätzt den jährlichen Pro-Kopf-Verbrauch auf vierzehn Gallonen, über sechzig Liter. Gesetze sollen dieser Plage ein Ende bereiten. Der „Gin Act" von 1751 fällt zeitlich mit den Werken des Künstlers William Hogarth *Beer Street* und *Gin Lane* zusammen, in denen die Tugend des Bieres und das Elend des Gins eindrucksvoll verewigt sind. Der Gin-Konsum sinkt spürbar, dennoch beginnen sich die ersten großen Familien in der Gin-Herstellung durchzusetzen. 1769 beginnt Alex Gordon im Süden Londons mit der Gin-Produktion, James Stein in Schottland, und die Familie Coates eröffnet eine Destillerie in Plymouth. 1825 senkt die Regierung die Gin-Steuer, worauf sich der Konsum auf über sieben Millionen Gallonen erhöht, bei gleichbleibend miserabler Qualität.

Gin wird immer noch als Arznei eingesetzt. Auf den Schiffen werden dem Alkohol Kräuter beigemischt, um die Seeleute mit „Vitaminen" zu versorgen, und dadurch entstehen viele verschiedene Geschmacksrichtungen.

Er wandelt sich von einfacher Medizin zu einem beliebten, aber immer noch verbesserungswürdigen Getränk. Destillerien florieren und der Gin wird in dieser Zeit langsam zu dem, den wir heute kennen; einige der Botanicals werden auch heute noch verwendet, wie Kardamom und Koriander.

GIN LANE.

15 • Der „Ruin der Mütter", dargestellt in Gin Lane von William Hogarth.

Markstein der Gin-Geschichte: Geburt des Gin Tonic

Auf der anderen Seite der Erde geschieht inzwischen etwas Epochales: Der Gin geht mit dem Chinarindenbaum eine dauerhafte Bindung ein. Durch die Handelsrouten ist eine neue Krankheit bekannt geworden, die Malaria, und man hat entdeckt, dass sie dank des südamerikanischen Chinarindenbaums heilbar ist, dessen heilende Eigenschaften sich mithilfe eines bitteren Getränks nutzen lassen. Es wird zur Gewohnheit, die Chinarinde in Form von „Tonic Water" mit Gin zu mischen: die Geburtsstunde des Gin Tonic, ein Markstein in der Geschichte des Gins. Mitte des 19. Jahrhunderts (zwischen 1842 und 1847) werden von Indien rund 700 Tonnen Chinarinde pro Jahr importiert. Der Transport ist teuer, deshalb findet sich diese Medizin hauptsächlich im Dunstkreis britischer Kolonialherren wieder und tritt von dort seine Weiterreise an. 1858 wird das erste, von Erasmus Bond industriell hergestellte Tonic Water patentiert, ein kohlensäurehaltiges Getränk auf der Basis von Chinin. Der Gin trifft im Alambic und im Glas auf Aromen und Gewürze aus aller Welt und wird quasi zum Symbol des kosmopolitischen Kolonialgetränks. Zur selben Zeit entwickelt sich auch die Destillationstechnik in Richtung des modernen Gins.

Die „kontinuierliche Destillation", die Industrialisierung und die großen Marken

Mit der zweiten Hälfte des 18. und dem beginnenden 19. Jahrhundert entwickelt sich der Gin in heutiger Qualität: Die industrielle Revolution und die Modernisierung des Destillationsverfahrens, die Verwendung von Zutaten aus unterschiedlichen Erdteilen und der Geschmack weitsichtiger Unternehmer lassen Produkte entstehen, die Jahrhunderte überdauern und sich bis heute großer Beliebtheit erfreuen.

Die Geschichte der Destillation erlebt einen entscheidenden Einschnitt mit der Einführung der „kontinuierlichen Destillation".

Das Prinzip der Destilliersäulen war schon bekannt, wurde aber erst 1827 durch Robert Stein zur industriellen Reife gebracht und von Aeneas Coffey perfektioniert, einem irischen Zollinspektor und Erfinder, der sich 1832 dieses System patentieren ließ. Die kontinuierliche Destillation erlaubt die Produktion großer Mengen Alkohol von höchster Reinheit – im Gegensatz zum herkömmlichen Verfahren mit meist minderwertigen Ergebnissen.

Die Destilliersäule lässt sich ohne Unterbrechung mit der zu destillierenden Flüssigkeit befüllen und scheidet, dank Siebböden im Inneren der Säule, bei jeder Passage Wasser und aromatische Substanzen ab, bis Schritt für Schritt ein sehr reines, fast geruchloses und geschmacksneutrales Destillat entsteht. Das ist der Zeitpunkt, an dem die Produktion eines neuen, leichteren Gins beginnt, auch weil keine großen Mengen an Botanicals mehr notwendig sind, um die unerwünschten Geschmacksnoten des Alkohols zu überdecken, die bei der traditionellen Destillation entstehen. Während dieser Zeit beginnen sich die verschiedenen Stile klarer herauszubilden, und hier trennen sich auch die Wege von Dry Gin und Old Tom. Letzterer ist ein gesüßter Gin, besser dazu geeignet, ihn pur und in großen Mengen zu trinken. Es heißt, dass ein gewisser Captain Dudley Bradstreet 1736 ein Geschäft erwarb und einen Kater ins Fenster stellte, aus dem man nach Münzeinwurf aus Bleirohren Gin beziehen konnte.

Dieses Konzept war so erfolgreich, dass es im 19. Jahrhundert
in ganz London zu finden war; der Kater Old Tom wurde
zum Synonym für Gin. Mit den neuen Destillationstechniken
entstehen auch die „Gin-Dynastien" und die großen Marken
Booth's, Gordon's, Plymouth, Tanqueray und Beefeater.
Die Geburt des Cocktails (1806, bestehend aus einem Destillat,
Wasser und Bittergetränk) und das „Goldene Zeitalter" mach-
ten den Gin bis zur Prohibition in Amerika in den 1920ern zu
einem beliebten Getränk mit seinem mittlerweile typischen
Geschmack: die besten englischen Gin-Marken überqueren den
Atlantik, um von den Bartendern in den USA serviert zu werden. Gin wird nun zu einem Getränk für jeden Anlass; aus
dieser Zeit stammen Dutzende Rezepte auf Gin-Basis, die zu
Klassikern werden. Gin hebt den Geschmack aller verwendeten Zutaten: Der Wacholder wird dank seiner Charakteristik
und allem, was während seiner Reise aus ihm geworden ist,
zum verlässlichen Motor für die Kreativität der Bartender.

Amerika, die Cocktails und die Prohibition

In Amerika wird wegen der großen Nachfrage nach
Mixgetränken mit der Herstellung eigener Gins begonnen. Die
Anchor Distillery produziert Gin seit 1808. Seit den 1830ern,
mit Geburt der Kühlindustrie, ist Eis keine Mangelware mehr.
Einer der ersten berühmten Bartender, Jerry Thomas, macht
sich Mitte des 19. Jahrhunderts einen Namen und verfasst
1862 das vermutlich erste Cocktailbuch. In den Rezepten
dieser Zeit werden hauptsächlich Old Tom und Genever
verwendet, Dry Gin wird nur sehr selten erwähnt. Aber die
Zeiten ändern sich, und bereits im Cocktail-Handbuch von
William Boothby aus dem Jahr 1908 beginnt der Dry Gin die
anderen Sorten zu verdrängen.

Die Prohibition lenkt die Wege des Gins in Richtung Kanada
und weiterer illegaler Einfuhrquellen, und der Schwarzhandel
mit illegal hergestellten, minderwertigen
Produkten blüht. Nach dem Ende der
Prohibition 1933 erfreut sich der Gin
größter Beliebtheit und die Tendenz
geht in Richtung Dry Gin, während
der Old Tom fast in Vergessenheit
gerät. Die Krise des Gins beginnt
nach dem Zweiten Weltkrieg mit
dem Erfolg des
Wodkas als
Basis für
Mixgetränke.
Dank seines
neutralen
Geschmacks
und seiner
geringen

Kosten drängt er den Gin sogar in seinem Heimatland England an den Rand.

Ende des ersten Jahrtausends der Gin-Geschichte

Unsere Reise nähert sich dem Ende des Jahrtausends, und der Gin ist, nach einer fast tausendjährigen Geschichte, zum Industrieprodukt geworden: Große Unternehmen bieten geradlinigen, traditionellen Gin an, und durch die Besitzerwechsel der „berühmten" Destillerien geht der Gin nun eine Bindung mit dem „Markt" ein. Familienunternehmen werden Teil des Weltmarktes, und der Wettstreit der „Großen" des Marktes der 1980er-Jahre beginnt.

Während dieser Zeit wird ein Produkt kreiert, das historische Wurzeln wiederbelebt und dazu fähig ist, schnell einen Platz unter den großen Marken der Welt einzunehmen: der Bombay Sapphire. Die ikonenhafte Flasche, unter Tausenden wiederzuerkennen, eine perfekt ausgewogene Rezeptur und die Produktion mit *Dampfinfusionsverfahren*, das die Aromen sehr schonend extrahiert, garantieren sofortigen Erfolg. Die Wurzeln dieses „Geistes" sind immer noch solide und zertifiziert, und der Gin setzt seine kurvige Reise durch die Verkaufsstatistiken fort, verliert und gewinnt Marktanteile, mit vier bis fünf Marken, die sich den Großteil des Ruhmes teilen. Aber auch ein neuer, unerwarteter Wandel steht bevor: Kleine, innovative Produzenten tauchen (wieder) auf, es beginnt ein Revival einiger historischer Rezepturen, wieder erstarkt das Interesse an diesem Destillat zum Ende der 1990er-Jahre hin. 1999 ist geprägt von der Geburt der Marke Hendrick's, ein untrügliches Zeichen für einen weiteren Wandel in der Geschichte des Gins; er kommt mit neuen Produktionsmethoden und Aromen wie Rose und Gurke. 2002 kommt der Tanqueray No. TEN heraus, dessen innovative Rezeptur auch frische Zitrusfrüchte enthält.

20 • Eine glückliche Frau, die Schnapsflaschen umarmt, unter anderem auch Gin. Eines der bekanntesten Bilder der Prohibition.

Das neue Jahrtausend des Gins beginnt mit grandiosen, turbulenten Aussichten

Der Gin ist zu einem „Geist" auf Getreidebasis geworden, mit Wacholder und weiteren Botanicals destilliert, kosmopolitisch, vielseitig und in Besitz großer, multinationaler Unternehmen: die Ausgangsbasis seiner neuen Ära. Marketingkampagnen, die aufstrebende internationale Gemeinschaft der Bartender und nicht zuletzt das Internet sorgen für die entscheidende Wende. Wir erleben die Markteinführung neuer Produkte, die als Kontrast zu den Traditionsprodukten als „ausgefallen" beworben werden, gleichzeitig entstehen aber auch neue, kleine Destillerien, die durch ihre qualitativ hochwertigen Produkte Aufmerksamkeit erregen. Lokale Einflüsse in den Rezepturen beginnen eine Rolle zu spielen. Zu Beginn des neuen Jahrtausends kommen Gin-Sorten auf den Markt, die sich durch ihre Herkunft charakterisieren wollen: die Produktionsweise ist klassisch, aber die Zutaten variieren vom Basisalkohol, für den wieder Trauben verwendet werden (G'Vine), bis hin zu nie zuvor verwendeten Zusätzen wie Rosmarin oder Oliven (Gin Mare), um ein einzigartiges Getränk zu erschaffen. Weitsichtige Produzenten erkannten bereits die Wiederkehr der Mixgetränke auf Gin-Basis, die ihre Popularität verloren hatten.

2008 ist ein denkwürdiges Jahr. Die Europäische Union erlässt Verordnungen zur Gin-Herstellung, die das Panorama entscheidend verändern: Die „Gin-Dynastien" verlieren den Kampf um die ausschließliche Produktion des „London Dry" auf englischem Boden, der ohnehin mittlerweile so weit verbreitet ist, dass man ihn nicht mehr auf ein lokales Produkt reduzieren kann. Ferner wird festgelegt, dass Gin in der EU ohne Destillation und ohne Wacholder als Basiszutat, durch Mazeration und unter Zugabe von Konzentraten und Extrakten hergestellt werden darf. Das vereinfacht die Produktion und eröffnet vielen Unternehmen die Möglichkeit, Gin in unendlichen Varianten herzustellen.

Die globale Entwicklung

Der Gin hat bald jeden Winkel der Erde erreicht. Es gibt fast keine Nation mehr, in der nicht eine Destillerie oder eigene Marke ins Leben gerufen wird. Die Liste der Zutaten reicht schier ins Unendliche und umfasst ausgefallene Elemente wie Algen, Flechten, Trüffel und Safran.

Dieser Umstand verändert die historischen Charakteristiken des Gins: Er wird zu einem Präzisionsinstrument. Früher bedurfte es für eine lange Liste von Cocktails nur eines guten Gins; heute sind die Rezepturen wesentlich anspruchsvoller, und man wählt den richtigen Gin für den entsprechenden Cocktail. Es gibt guten Gin für Gin Tonic, der wiederum nicht zum Martini passt. Die Recherchen der Bartender und das immer größer werdende Angebot haben diesen Trend der Spezialisierung so weit vorangetrieben, dass er beinahe die Ausmaße chirurgischer Präzision annimmt. Dieses Phänomen ist nach 2008 besonders auf der Iberischen Halbinsel explodiert, wo der Gin Tonic dank weniger Pioniere ein Revival erlebte, das einen wahren Boom auslöste: Er wird zum Symbol für den besonderen Moment am Ende eines Arbeitstages. In vielen spanischen Bars kann man leicht zwischen einem Dutzend Gins und den passenden Tonics wählen. Spanien ist in kurzer Zeit zum Land mit dem weltweit höchsten Konsum von Premium Gin geworden und sorgt in hohem Maß für neue Entwicklungen. Neben den Klassikern kommen ständig Innovationen auf den Markt, manchmal mit mäßigem Erfolg, die die Familie des Gins vergrößern und damit auch die Möglichkeiten, die dieser „Geist" bietet. In wenigen Jahren kamen Hunderte von Marken heraus, jede mit einer charakteristischen Note, die in der Lage ist, das aromatische Profil eines Cocktails zu verändern; sie bilden das Rückgrat für unzählige Neuinterpretationen der großen Klassiker, von Modernisierungen bis hin zu manchen Entstellungen. Der Gin wurde mehrmals wiedergeboren, jedes Mal erstarkt und verändert, dennoch stets mit soliden Wurzeln, auf die er in jeder Etappe seiner Reise zurückgreift.

Herstellung

Die Identität des Gins wird in erster Linie durch seine Inhaltsstoffe bestimmt, den Botanicals, die einen gemeinhin neutralen Basisalkohol aromatisieren. Dennoch es gibt viele Wege der Herstellung eines Gins, die Profil und Charakter entscheidend verändern können und als Instrument dienen, sich durch Einzigartigkeit und Originalität von den verschiedenen Produkten auf dem Markt abzuheben.

Die Zutaten

Die Zutaten für die Herstellung von Gin, genauer gesagt, die Kategorien der Zutaten, sind im Wesentlichen drei: Alkohol, Wasser und Botanicals. Der Alkohol dient als „Lösungsmittel" zur Extraktion der ätherischen Öle; die Botanicals liefern Duft- und Aromastoffe; das Wasser verdünnt während des Herstellungsprozesses den Alkohol auf die gewünschte Konzentration. Der für die Gin-Herstellung benötigte Alkohol wird üblicherweise über das kontinuierliche Destillationsverfahren gewonnen, auch Patent-Still-Verfahren genannt, das in der ersten Hälfte des 19. Jahrhunderts eingeführt wurde. Das so erhaltene Destillat hat einen Alkoholgehalt von rund 95 %, enthält aber auch Aromen aus den verwendeten Rohmaterialien. Die meisten Produzenten verwenden aus Getreide destillierten Alkohol, einige Marken, wie der in der Gegend um Cognac produzierte G'Vine, werden mit einem Destillat aus Trauben hergestellt, und der Chase Elegant mit einem Destillat aus Cidre, um sich geschmacklich abzuheben. Wasser ist in verschiedenen Produktionsphasen anwesend, besonders um das Produkt zu verdünnen. Manche Hersteller betonen die Herkunft des verwendeten Wassers als Marketingstrategie und Unterscheidungsmerkmal. Martin Miller's Gin hat neben der englischen Nationalflagge auch die isländische auf dem Etikett, denn das sehr reine Wasser für die Verdünnung kommt direkt aus den Gletschern Islands.

Die Botanicals

Unter Botanicals, die wichtigsten Unterscheidungsmerkmale zwischen den einzelnen Gins, versteht man Kräuter, Wurzeln, Gewürze, Beeren und generell alle pflanzlichen Bestandteile, die die Hauptlieferanten für Duft, Geschmack und Aroma des Gins darstellen. Duft und Aroma stammen fast ausschließlich aus den ätherischen Ölen dieser Botanicals.

Wacholder

Der Wacholder *(Juniperus communis)* wächst in Europa, Asien und Nordamerika. Die Toskana und ganz Mittelitalien sind auch unter historischem Gesichtspunkt die wichtigsten Anbaugebiete.

25 • Wacholder (links) und Engelwurz (rechts), dargestellt in einem englischen Lehrbuch über Heilpflanzen aus dem 19. Jahrhundert.

Die Balkanhalbinsel, allem voran Mazedonien, und Skandinavien sind ebenfalls von Bedeutung. Alter, Anbaugebiet und Frische des Produkts beeinflussen die Qualität und Quantität der ätherischen Öle, die aus den Beeren gewonnen werden. Die Beeren dieser Pflanze bilden das Rückgrat des Gins und verleihen ihm die balsamischen und harzigen Noten der Nadelwälder, des Eukalyptus, der Minze und des Kampfers.

Engelwurz

Die Engelwurz *(Angelica archangelica)* ist eine Pflanze aus der Familie der Doldenblütler *(Apiaceae),* so benannt nach ihren doldenartigen Blütenständen, zu der ebenso Karotten, Sellerie, Petersilie, Kümmel, Koriander, aber auch der Schierling gehören. In der Pflanzenheilkunde ist die Engelwurz für ihre anregende, krampflösende und verdauungsfördernde Wirkung bekannt. Ihr Anbau ist in Nordeuropa verbreitet (Belgien, Deutschland,

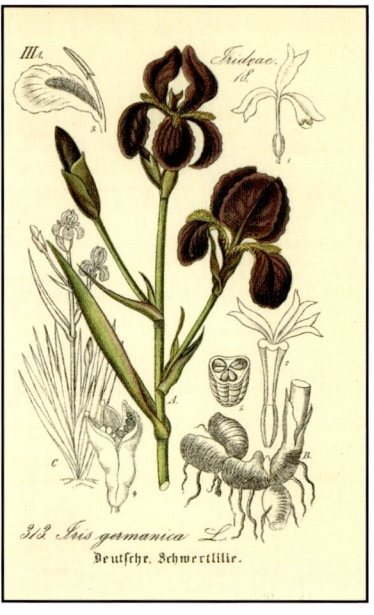

26 • *Koriander (links) und Iris (rechts) als Zeichnungen in einem botanischen Lehrbuch aus dem 19. Jahrhundert.*

Ungarn), größtenteils zur Likörherstellung, und ist wichtiger Bestandteil von Wermut und Chartreuse.

Für die Gin-Produktion werden die getrockneten Wurzeln der Pflanze verwendet, die ihm Noten von Unterholz und Erde verleihen. Die Engelwurz ist süßlich, bisweilen auch mit Kräuter- und Pinienaromen. Die Aromen der Samen erinnern an Wacholder.

Koriander

Der Koriander *(Coriandrum sativum),* von dem man hauptsächlich die Samen verwendet, gehört wie die Engelwurz zu den Doldenblütlern und ist auch als chinesische Petersilie bekannt. Sein lateinischer Name ist aus dem griechischen *korys* für Wanze und *amon* für Anis oder Dill abgeleitet – wegen des wanzenähnlichen Geruchs, den die Blätter verströmen.

Das ätherische Öl der Samen ist reich an Linalool, ein Element, das z. B. auch in Lavendel und Basilikum vorkommt und in der Kosmetik vielfältig verwendet wird. Duft und Aromen des Linalools sind vorrangig frisch und floral mit zitronenähnlichen Noten.

Iris

Die Iris gehört zur Gattung der *Iridaceae,* die rund 200 Spezies umfasst. Ihr Name ist griechischen Ursprungs und bedeutet „Regenbogen“. Sie ist auch unter dem Namen Schwertlilie bekannt. Für die Gin-Produktion wird die Wurzel verwendet, meist der Arten germanica und pallida. Der Anbau ist in Italien, Nordafrika aber auch in China und Indien verbreitet. Die Iris hat reinigende und verdauungsfördernde Eigenschaften.

Die Wurzeln werden über zwei bis drei Jahre getrocknet und dann pulverisiert. In der Gin-Herstellung hat die Iris eher eine strukturelle als aromatische Funktion. Sie dient quasi als „Träger“ für leichtere Duft- und Aromastoffe, die sich sonst sehr schnell verflüchtigen würden. Aus diesem Grund, abgesehen von dem typischen Veilchenduft der Wurzel, wird das ätherische Öl der Iris auch in großem Maß in der Parfümindustrie verwendet.

Zitrusfrüchte

Zitrusfrüchte spielen sicherlich eine fundamentale Rolle in den modernen Gins, in denen sie großzügig verwendet werden. Besonders die Zitrone erinnert ein wenig an Koriander, der häufig verwendet wird. In den Rezepturen der modernen Vertreter des Gins sind verschiedene Zitrusfrüchte enthalten, wie Orange, Bergamotte und Limette.

Weitere Botanicals

Alle in der Herstellung verwendeten Botanicals aufzuzählen, wäre ein mühsames Unterfangen. Neben den bereits beschriebenen sind zu nennen: Anis *(Pimpinella anisum)*, Kardamom *(Elettaria cardamomum)* und die Zimtkassie *(Cinnamomum cassia)* mit ihren würzigen, stechenden und harzigen Noten.

 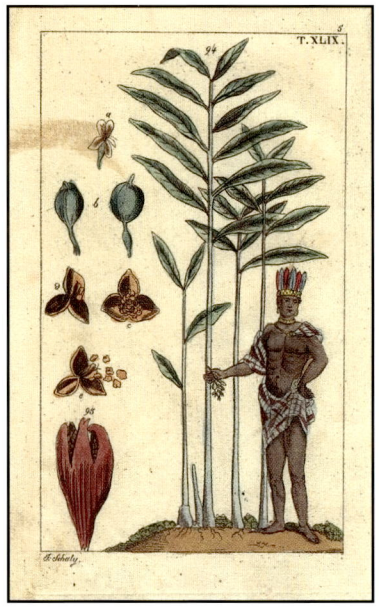

28 • Die Zitrone (links) ist vor allem in den modernen Gin-Rezepturen zu finden. Rechts eine Illustration des Kardamoms.

Der Herstellungsprozess

Die Unterschiede in den Produktionsmethoden liegen hauptsächlich darin, mit welcher Methode die aromatischen Substanzen aus den Botanicals extrahiert werden. Die einfachste Methode, einen Gin herzustellen, ist die „kalte Mazeration" der Botanicals; dabei werden sie in ein Gemisch aus Wasser und Alkohol eingelegt, oder man mischt die Extrakte dem Alkohol bei. In diesem Fall erhält man einen Gin mit der Bezeichnung *compound*. Beim *destilled* Gin werden die Botanicals mitdestilliert, wobei man gemeinhin zwei Ziele verfolgt: die Alkoholkonzentration durch Entzug von Wasser zu erhöhen sowie die flüchtigen, aromatischen Elemente der Botanicals zu extrahieren.

Die Destillation basiert auf einem einfachen Prinzip: der Alkohol (Ethanol) verdampft bei niedrigerer Temperatur als Wasser, bei ungefähr 78° C. Erhitzt man eine hydroalkoholische Lösung, trennt sich der Alkohol vom Wasser und nimmt die flüchtigen und aromatischen Elemente mit sich. Es gibt unterschiedliche Destillationsvorrichtungen: die beiden wichtigsten sind der traditionelle Alambic (*pot still,* Brennblase) und die Destilliersäule (*patent still* oder *Coffey still*). Mit der Zeit wurden beide Verfahren perfektioniert, und mangels gesetzlicher Vorgaben kann der Gin auf vielerlei Arten hergestellt werden. Anzumerken ist jedoch, dass der verwendete Basisalkohol in der Säule hergestellt wird, während qualitativ hochwertiger Gin nahezu immer in der traditionellen Brennblase destilliert wird.

Pot still (Brennblase)

Man kann sich die Brennblase der traditionellen Destillation als großen Kupferkessel vorstellen, der statt eines Deckels einen Kollektor hat, den sogenannten Schwanenhals, in dem die Dämpfe aufsteigen und durch einen wassergefüllten Zylinder, den Kondensator, geleitet werden und wieder flüssige Form annehmen. Form und Größenverhältnis der einzelnen Elemente sind maß-

geblich für das Endprodukt. Niedrige, typischerweise zwiebelför-
mige Brennblasen mit einem sehr breiten, offenen Hals erlauben
auch das Aufsteigen schwerer Partikel und produzieren einen öli-
geren, aromatischen Alkohol. Hohe, meist birnenförmige Brennblasen mit engem Hals lassen die schweren Bestandteile nicht
aufsteigen; diese fallen wieder auf den Boden der Brennblase und
durchlaufen sozusagen einen Rückflusskreislauf. Je höher der
Rückfluss, desto leichter und feiner wird das Destillat. Die Brennblasen werden durch Dampf erhitzt, selten über direktem Feuer.
Sie werden traditionell aus Kupfer hergestellt, weil Kupfer durch
seine reaktiven Eigenschaften nicht erwünschte Geruchs- und
Aromastoffe, wie fauliges Schwefelaroma, während des Destilla-
tionsvorgangs eliminiert.

Brennblasen mit Dampfextraktion

Hier handelt es sich um Brennblasen, bei denen sich im senkrech-
ten Teil des Schwanenhalses ein mit Botanicals gefüllter Loch-
behälter befindet. Die Alkoholdämpfe passieren den Behälter und
lösen die Aromen der Botanicals. Diese Technik nennt man „va-
pour infusion" (Dampfinfusion), und die bekannteste Brennblase
dieser Art ist die Carter-Head, benannt nach ihren Erfindern, den
Gebrüdern Carter. Bombay Sapphire und Monkey 47 sind Vertreter dieser Technik.

Weitere Techniken

Es gibt Vorrichtungen, die eine Kombination aus Brennblase und
Säule darstellen, und solche mit anderen Funktionsweisen. Bei
der ersten Variante wird eine Säule an die traditionelle Brennblase gekoppelt, um ein reineres und leichteres Destillat zu erhalten.
Die gebräuchlichste Anlage dieser Art stammt von der deutschen
Firma Holstein, die auch zur Herstellung von Elephant Gin verwendet wird.
Eine weitere verbreitete Technik ist die Anwendung der Vaku-
um-Brennblase. Durch ein im Inneren der Brennblase erzeugtes

Vakuum verdampft der Alkohol bei niedrigeren Temperaturen, und dadurch werden die ätherischen Öle der Botanicals schonender extrahiert, ohne durch Kochen oder Verbrennen ihre Charakteristiken zu verändern. Zu den Vertretern dieser Technik gehören Poli Marconi 46, Malfy und Sacred.

Verschnitt und Abfüllung

Wegen der veränderlichen Charakteristiken der Botanicals mischen viele Hersteller vor der Abfüllung verschiedene Destillations-Chargen miteinander, um ein konstantes Produkt zu erhalten. Entscheidet man sich gegen den Verschnitt, spricht man von einem *small batch*, Tarquin's ist ein Beispiel dafür. Es gibt auch Gin, bei dem die Botanicals einzeln destilliert werden; die einzelnen Destillate werden dann vor der Abfüllung verschnitten, wie beim Gin Mare.

Das Destillat wird vor Abfüllung im Labor auf Alkoholgehalt und Verdünnungsgrad geprüft. In vielen Fällen durchläuft das Produkt eine Kaltfiltrierung, um ölige Substanzen zu eliminieren, die zu einer Eintrübung des Produkts führen könnten. Einige Hersteller verzichten auf diese Filtrierung, wie beispielsweise Hernö, bei ungefilterten Produkten spricht man von *unchillfiltered* oder *non chill filtered*.

Etikettierung und Referenzstandards

Gin kann auf der ganzen Welt produziert werden und unterliegt keiner gesetzlichen Norm. In der Europäischen Union gibt es den Referenzstandard EC 110/2008, der besagt, dass Gin unter die Kategorie „Spirituosen mit Wacholder (Juniperus communis)" fällt, zu der auch Genever und viele seiner regionalen Varianten gehören. Der Gin wird durch diesen Standard in zwei Herstellungskategorien eingeteilt, destilled und cold compound, wobei der Alkoholanteil in der Flasche mindestens 37,5% betragen muss. In den USA existiert im Code of Federal Regulations ein entsprechender Standard, nur der Alkoholgehalt wird dort auf mindestens 80 Proof (40 %) festgesetzt.

Mit 32 Gins um die Welt

Eine Gin-Auswahl

Die hier im Einzelnen vorgestellten Gins sind in drei Kategorien eingeteilt: traditionell, zeitgenössisch und innovativ, basierend auf Tradition, Produktionsmethode sowie den verwendeten Botanicals, mit Hinweisen, soweit möglich, zu Stil und Verwendung. Die Klassifizierung des Gins ist ein kontroverses, unter Experten viel diskutiertes Thema, weil die normative Unterteilung – auch dort, wo Standards existieren, wie in Europa und den USA – sehr allgemein gehalten ist und neue Stile, Produktionsmethoden und Trends an der Tagesordnung sind. Die traditionellen Marken beinhalten die bekanntesten und gängigsten, einige davon in Varianten oder limitierter Auflage, mit Interpretationen zu den traditionellen englischen Stilrichtungen. Die zeitgenössischen Marken sind durch besondere Botanicals gekennzeichnet, die oft regional verankert oder gerade im Trend sind. Bei den innovativen Marken werden unkonventionelle Produktionstechniken und ungewöhnliche Zutaten verwendet. Jeder Gin wird mit Informationen zu Geschichte, Herstellung und Verwendung sowie einem Cocktailrezept, das seine Charakteristik unterstreicht, vorgestellt.

Die Verkostung des Gins

Kingsley Amis, der schon Anfang der 1980er über das Trinken schrieb, war vermutlich einer der Ersten, der sich dafür stark machte, Gin „pur" zu verkosten, um die Essenz der Botanicals herauszuschmecken. Der Gin gehört gewiss zu den Königen der Mixgetränke, aber um das Beste aus ihm herauszuholen, auch in Cocktails, hilft die Verkostung dabei, seine Struktur, sein Potenzial und auch mögliche Nachteile zu erkennen. Der Gin sollte eine Temperatur von 10° bis 12° C haben, damit man seine Entwicklung riechen kann, während er sich erwärmt. Die Ausgangsbasis ist das richtige Glas, das ein tulpenförmiges Copita-Glas sein sollte, um die Duftstoffe zur Nase zu dirigieren. Füllen Sie das Glas bis zu seiner größten Weite und beginnen Sie in kurzen Abständen, mit der Nase dicht am Glas, daran zu riechen. Die Schwierigkeit bei der Gin-Verkostung ist die Flüchtigkeit einiger Aromen, die man nur kurz wahrnimmt, bevor sie den nach und nach intensiver und komplexer werdenden Aromen Platz lassen. Vielleicht haben Sie auch Schwierigkeiten, die aufeinanderfolgenden Aromen und Noten im Einzelnen zu erkennen, denn in den seltensten Fällen ist man mit allen Botanicals vertraut. Schließlich hat man nicht jeden Tag die Gelegenheit, Kassien, Teufelskralle oder Engelwurz zu riechen. Idealerweise trainieren Sie Ihr olfaktorisches Gedächtnis, indem Sie so viele Inhaltsstoffe wie möglich erschnuppern, damit Sie die natürlichen Aromen von den künstlichen unterscheiden können. Der erste kleine Schluck dient dazu, den Gaumen an den Alkohol zu gewöhnen. Nehmen Sie dann noch ein paar kleine Schlucke und lassen Sie den Gin für einige Sekunden im Mund: Während sich der Gin erwärmt, setzt er weitere Aromen frei. Versuchen Sie auch mit offenem Mund zu riechen, Sie werden bemerken, dass die Aromen auf diese Weise auch die höheren Regionen der Nase erreichen, als wäre sie ein Kamin. Gibt man ein paar Tropfen destilliertes Wasser dazu, werden chemische Reaktionen in Gang gesetzt, die weitere Aromen freisetzen, und der Mund wird nicht so sehr vom Geschmack des Alkohols betäubt. Wenn Sie die einzelnen Noten nicht im Detail bestimmen können, versuchen Sie es allgemeiner: balsamische und krautige Noten des Wacholders, Gewürz- und Zitrusnoten. Überlegen Sie, welches Tonic Water und welche weiteren Aromen zum jeweiligen Gin passen könnten. Experimentieren Sie mit verschiedenen Gins – nur durch den Vergleich können Sie lernen.

Traditioneller Gin

Beefeater Burrough's Reserve

Bluecoat Barrel Reserve

Burleigh's Distiller's Cut

Cotswolds

Hayman's Old Tom

Jensen's Old Tom

Mayfair

No. 209

Plymouth Navy Strength

Star of Bombay

Tanqueray Bloomsbury Edition

Tarquin's

Vallombrosa Gin Dry

Wenn wir die angelsächsische Welt als Bezugspunkt für diese Kategorie voraussetzen, besetzen die vom London Dry inspirierten Gins, die wiederentdeckten Old Toms oder der Plymouth Navy Strength mit seiner faszinierenden Geschichte die Ehrenplätze. Bei den traditionell inspirierten Marken spielt der Wacholder die unumstrittene Hauptrolle, die Rezepturen sind eher unkompliziert und die Anzahl und Typologie der Zutaten überschaubar. Das Vereinigte Königreich wacht stolz über die eigene Tradition, ob mit berühmten Marken wie Tanqueray oder mit neuen „Klassikern" wie Cotswolds und Tarquin's. Andere Länder, die in der Geschichte des Gins ebenfalls von Bedeutung sind, bieten gleichwertige Alternativen an: die USA mit Erfolgsprodukten wie No. 209, und Italien, führend in der Produktion von höchstwertigem Wacholder, den die Mönche der Abtei von Vallombrosa seit den Ursprüngen des Gins für dessen Herstellung verwendeten. Alte Klassiker wie Beefeater und neue Marken wie der amerikanische Bluecoat setzen auf die traditionelle Fassreifung, eine Praktik, die aus der Zeit stammt, als der Gin noch in Holzfässern gelagert und transportiert wurde.

Stil: *Dry Gin fass-gereift/traditionell*
Herkunft: *UK/England*
Alkoholgehalt: *43%*
Flaschengröße: *70 cl*

Herstellung: *traditionelle Kupferbrennblase*
Botanicals: *Wacholder, Orangenschale, Koriander, Mandeln, Zitronenschale, Iris, Engelwurz, Süßholz*

Die Anfänge des Beefeaters gehen auf 1863 zurück, als der Apotheker James Burrough die Londoner Destillerie Taylor kaufte. Die Marke kam dreizehn Jahre später auf den Markt, und die Destillerie blieb bis 1987 in Familienbesitz. Der Beefeater Burrough's Reserve wird nach einer Originalrezeptur von James Burrough aus dem Jahr 1860 hergestellt und in der originalen Brennblase „Still Number 12" destilliert, die nur 268 Liter fasst. Die kleinen Chargen, die auf den Markt kommen, sind jeweils in unterschiedlichen Fasstypen gereift, die auf dem Etikett vermerkt sind. Die erste Abfüllung reifte in französischen Fässern, die zuvor Lillet enthielten, einen berühmten französischen Wein, aromatisiert mit Zitrusfrüchten und Chinin, während die zweite Abfüllung in Bordeaux-Fässern reifte. Die Linie Beefeater beinhaltet auch einen klassischen Dry Gin, den Beefeater 24, der verschiedene Teesorten enthält, sowie den London Garden. Der Destilliermeister Desmond Payne ist ohne Zweifel eine der bekanntesten Figuren in der Welt des Gins.

Verkostung
Nase: *würzige Holznoten, Wacholder und Zitrone*
Gaumen: *krautig und balsamisch, Holz, Gewürze, rote Beeren und Süßholz*
Abgang: *lang, würzig und komplex*
Ideal: *pur*

Gin Old Fashioned

45 ml Beefeater Burrough's Reserve • 2 Spritzer Angostura • 1 Zuckerwürfel • etwas Wasser

Methode: Build • Glas: Old-fashioned (Tumbler)
Garnitur: Orangenscheibe und Cocktailkirsche

Den Zuckerwürfel auf eine Serviette legen und mit Angostura beträufeln, in einen Tumbler geben, einen Tropfen Wasser hinzufügen und rühren, bis sich der Zucker vollständig aufgelöst hat. Dann das Glas mit Eiswürfel auffüllen, Gin darübergießen und umrühren. Mit einer Orangenscheibe und einer Cocktailkirsche garnieren.

Bluecoat Barrel Reserve

Stil: *Dry Gin fassgereift/traditionell*
Herkunft: *USA*
Alkoholgehalt: *47%*
Flaschengröße: *70 cl*

Herstellung: *traditionelle Kupferbrennblase*
Botanicals: *Wacholder, Koriander, Zitrone, Engelwurz*

Der Bluecoat ist eine Hommage an Amerika und die Uniform der Soldaten des Unabhängigkeitskriegs und wurde 2006 in Philadelphia, in der Stadt, in der die Unabhängigkeit ausgerufen wurde, aus der Taufe gehoben. Er wird ausschließlich unter Verwendung von Botanicals aus zertifiziert biologischem Anbau hergestellt und ist das Ergebnis aus fünf langsamen Destilliervorgängen, die ihn weich und ausgewogen werden lassen. Die Rezeptur besteht aus wenigen Zutaten, deren Noten aber durch den Anspruch, höchste Qualität zu produzieren, voll zur Geltung kommen. Diese Linie ist in amerikanischen Eichenfässern gereift, die seine Komplexität unterstreichen, eine perfekte Alternative für Mixgetränke, die sonst auf Whiskey oder Bourbon basieren.

Verkostung
Nase: *deutliche Zitronennote*
Gaumen: *weich, zitronig und würzig*
Abgang: *trocken, frisch und sauber*
Ideal: *als Variante im Tom Collins*

The Income Tax

50 ml Bluecoat Barrel Reserve • 20 ml süßer Wermut • 20 ml roter Wermut • 15 ml Orangensaft • 2 Spritzer Angostura

Methode: Shake & double strain • Glas: Cocktailglas • Garnitur: Orangenschale

Die Zutaten mit Eis in den Shaker geben und kräftig schütteln. Den Cocktail durch ein zusätzliches kleines Sieb in ein gekühltes Cocktailglas abseihen und ein Stück Orangenschale über dem Glas ausdrücken und dazugeben.

LONDON DRY
GIN

DISTILLER'S CUT

MADE IN ENGLAND

70cl℮ 47%vol

Burleigh's Distiller's Cut

Stil: *Dry Gin/traditionell*
Herkunft: *UK/England*
Alkoholgehalt: *47%*
Flaschengröße: *70 cl*

Herstellung: *Kupferbrennblase Holstein*
Botanicals: *Wacholder, Engelwurz, Iris, Koriander, Zimtkassie, Weißbirke, Kardamom, Holunderbeeren, Orangenschale, Löwenzahn, Klettwurzel*

Ein Distiller's Cut ist die Interpretation des Destilliermeisters: die Version des Burleigh's stammt aus Jamie Baxters Hand, Ausdruck seines persönlichen Geschmacks und seiner Philosophie. Die Destillerie liegt im Charnwood Forest, Leicestershire, im Herzen Englands. Dieser Distiller's Cut basiert auf Dry Gin, hat aber eine andere Konzentration der Botanicals, ist anders verschnitten und mit einem höheren Alkoholgehalt abgefüllt. Er wird in einer 450 Liter fassenden Holstein-Anlage namens „Messy Bessy" hergestellt.

Verkostung

Nase: *sanft mit Noten von Wacholder, Eukalyptus und Zitrone*
Gaumen: *weich und trocken, vollmundig und würzig*
Abgang: *trocken, floral und aromatisch*
Ideal: *in einem Martinez oder Gin Tonic mit Fever Tree Premium Indian Tonic*

Sweet Selmer Cocktail

25 ml Burleigh's Distiller's Cut • 25 ml Lillet Blanc • 20 ml Zitronensaft • 15 ml Honigsirup

Methode: Shake & strain • Glas: Martiniglas • Garnitur: Grapefruitschale rosé und eine essbare Blüte

Zur Herstellung eines Honigsirups Honig mit Wasser verrühren, bis er sich aufgelöst hat. Die Zutaten mit Eis in einen Shaker geben und mindestens 10 Sekunden lang schütteln, in ein gekühltes Martiniglas gießen, ein Stück Schale einer Grapefruit rosé über dem Glas ausdrücken und dazugeben und mit einer essbaren Blüte, beispielsweise einem Veilchen, garnieren.

Cotswolds

Stil: *Dry Gin/traditionell*
Herkunft: *UK/England*
Alkoholgehalt: *46%*
Flaschengröße: *70 cl*

Herstellung: *Kupferbrennblase Holstein*
Botanicals: *Koriander, Kardamom, schwarzer Pfeffer, Wacholder, Lavendel, Engelwurz, Lorbeer, Limette und Grapefruit*

Cotswolds Gin wird in dem kleinen Ort Stourton in der Grafschaft Wiltshire am Fuße der Hügel der Cotswolds hergestellt. Die Destillerie wurde 2014 von Dan Szor gegründet, der es liebte, am Wochenende aus der Londoner Finanzwelt aufs Land zu fliehen. Szor hatte die Idee, Gin aus dem Getreide der Umgebung herzustellen, das für die Whiskeyproduktion genutzt wird. Die gesamte Produktion, vom Mälzen des Getreides bis zum Endprodukt, liegt in der Hand der Destillerie. Dieser Gin wird in einer Holstein-Hybrid-Anlage hergestellt, in der die ätherischen Öle der Botanicals sowohl durch Mazeration (ca. 12 Stunden lang) als auch durch Dampfinfusion mittels eines Lochkorbs im Hals der Brennblase extrahiert werden.

Verkostung
Nase: *intensiv, anhaltend mit Lavendelnoten*
Gaumen: *dominante Grapefruitnote*
Abgang: *lang und frisch*
Ideal: *on the rocks, in einem Aviation oder Ramos Gin Fizz. Achten Sie beim Mixen darauf, die Lavendelnoten zu begleiten.*

UK Pic Nic

50 ml Cotswolds • 15 ml Shrub aus roten Früchten • 5 ml Grenadine • frische Himbeeren oder Walderdbeeren

Methode: Build • Glas: Hoher Tumbler oder Collinsglas
Top: Prosecco oder Blanquette de Limoux • Garnitur: ein Zweig frische Minze

Die frischen Früchte mit einem Stößel pürieren und alle Zutaten mit Eis in den Shaker geben. Kräftig schütteln, in ein Collinsglas geben und mit Prosecco oder Blanquette de Limoux aufgießen. Mit einem Zweig Minze garnieren. Um den Shrub selbst herzustellen, Früchte und Zucker zu gleichen Teilen einige Tage ruhen lassen, damit der Saft aus den Früchten austritt, und in einen Behälter abseihen. Etwas roten Essig oder Apfelessig zum Saft geben und in den Kühlschrank stellen. Alternativ können Sie einen Sirup herstellen, indem Sie Wasser, Früchte und Zucker aufkochen lassen und nach dem Abkühlen Essig nach Belieben zugeben.

Hayman's
Old Tom

Stil: *Old Tom Gin/traditionell*
Herkunft: *UK/England*
Alkoholgehalt: *40%*
Flaschengröße: *70 cl*
Herstellung: *traditionelle Kupferbrennblasen*
Botanicals: *Wacholderbeeren aus Bulgarien und Mazedonien, Koriandersamen aus Bulgarien, Muskatnuss aus Indien, Zimt aus Madagaskar, Orangenschale aus Spanien, Engelwurz aus Belgien oder Frankreich, Iriswurzel aus Italien, Zimtkassienschale aus China, Süßholz aus Sri Lanka Zitronenschale aus Spanien*

Christopher Hayman, der Gründer der Destillerie, blickt auf eine lange Destillier-Tradition zurück. Er ist ein direkter Nachfahre von James Burrough, der 1863 Beefeater Gin gründete. Christopher begann seine Karriere 1969 in der James Burrough Ltd und war bis 1988 für die Destillation und Produktion des Beefeater Gins verantwortlich; er verließ die Firma, als sie von einer großen multinationalen Gesellschaft übernommen wurde. Hayman's ist vermutlich die erste Destillerie, die die Tradition des Old Toms wieder aufleben ließ. Hayman's Old Tom Gin wird nach einer Originalrezeptur der Familie Burrough aus dem Jahr 1870 hergestellt. Old Tom war während der ersten Cocktail-Ära Ende des 19. Jahrhunderts äußerst populär und erscheint in zahlreichen Cocktails im berühmten Bartenders Guide von Jerry Thomas (1886), wurde aber nach und nach vom Dry Gin verdrängt.

Verkostung

Nase: *Noten von Zitrone, Mandel, Ingwer, Schokolade und Kaffee, ganz leicht krautig*
Gaumen: *weich und rund mit floralen und Zitrusnoten und typisch süßem Finish*
Abgang: *balsamisch und würzig*
Ideal: *für Tom Collins und Ramos Gin Fizz*

Gin Martinez

25 ml Hayman's Old Tom • 50 ml italienischer roter Wermut • 2 Spritzer Maraschino • 1 Spritzer Orange Bitters

Methode: Stir & strain • Glas: Martiniglas • Garnitur: Zitronenschale

Alle Zutaten in ein Mixglas geben, Eis hinzufügen und umrühren. In ein gekühltes Martiniglas abseihen und ein Stück Zitronenschale über dem Glas ausdrücken und dazugeben.

jensen's

When Christian Jensen
first tasted the vintage
gins from London's lost
distilleries, he began
a journey. Creating a
finely balanced gin that
honoured these forgotten
recipes became his
obsession. That's why
Jensen's is distilled in
small batches, using only
traditional gin botanicals.
So there's really nothing
new about Jensen's, and
that's why it's different.
Distilled in Bermondsey,
London, Jensen's is gin as
it was. Gin as it should be.

**LONDON DISTILLED
OLD TOM GIN**

70CL 43% VOL.

Jensen's Old Tom

Stil: *Old Tom/traditionell*
Herkunft: *UK/England*
Alkoholgehalt: *43%*
Flaschengröße: *70 cl*

Herstellung: *Kupferbrennblase John Dore & Co.*
Botanicals: *klassische Zutaten, aber nicht deklariert*

Der Jensen's gehört zu den Symbolen der Wiedergeburt des englischen Gins. Die Destillerie wurde 2014 auf einem ehemaligen Eisenbahngelände im Londoner Viertel Bermondsey eröffnet, nach dem die Destillerie benannt ist. Die Idee der Eigentümer war, einen klassischen Gin mit modernen Produktionstechniken herzustellen. Die Brennblase fasst 500 Liter und wurde von der Firma John Dore & Co. gefertigt, die 1830 von Aeneas Coffey gegründet wurde. Bemerkenswert ist, dass eine Destilliermeisterin am Werk ist, die Diplom-Chemikerin Anne Brock. Der Old Tom wird hier ohne Süßstoffe, basierend auf einem Rezept von 1840 produziert, mit dem Ziel, einen originalgetreuen Gin aus dieser Zeit herzustellen. Die Produktlinie beinhaltet auch einen Dry Gin.

Verkostung
Nase: *balsamische und frische Noten*
Gaumen: *frische Wacholder- und Nadelholznoten*
Abgang: *würzig, balsamisch mit grünen Noten*
Ideal: *für Ramos Gin Fizz, Martinez oder Tom Collins*

Black Cat

30 ml Jensen's Old Tom • 30 ml Mezcal • 25 ml Amontillado Sherry • 25 ml Punt e Mes Carpano • 1 Barlöffel Zuckersirup (Wasser und Zucker im Verhältnis 1:1) • Grapefruitschale

Methode: Stir & strain • Glas: Martiniglas • Garnitur: Grapefruitschale

Grapefruitschale und Zuckersirup zusammen mit Eis in ein Mixglas geben. Die restlichen Zutaten zugeben und umrühren. In ein gekühltes Martiniglas abseihen und mit einer Spirale aus Grapefruitschale garnieren.

Mayfair

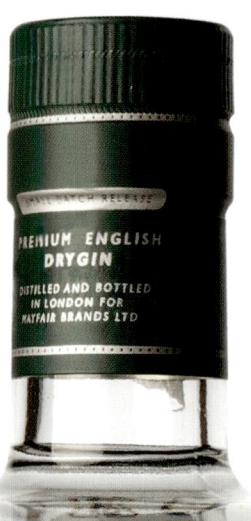

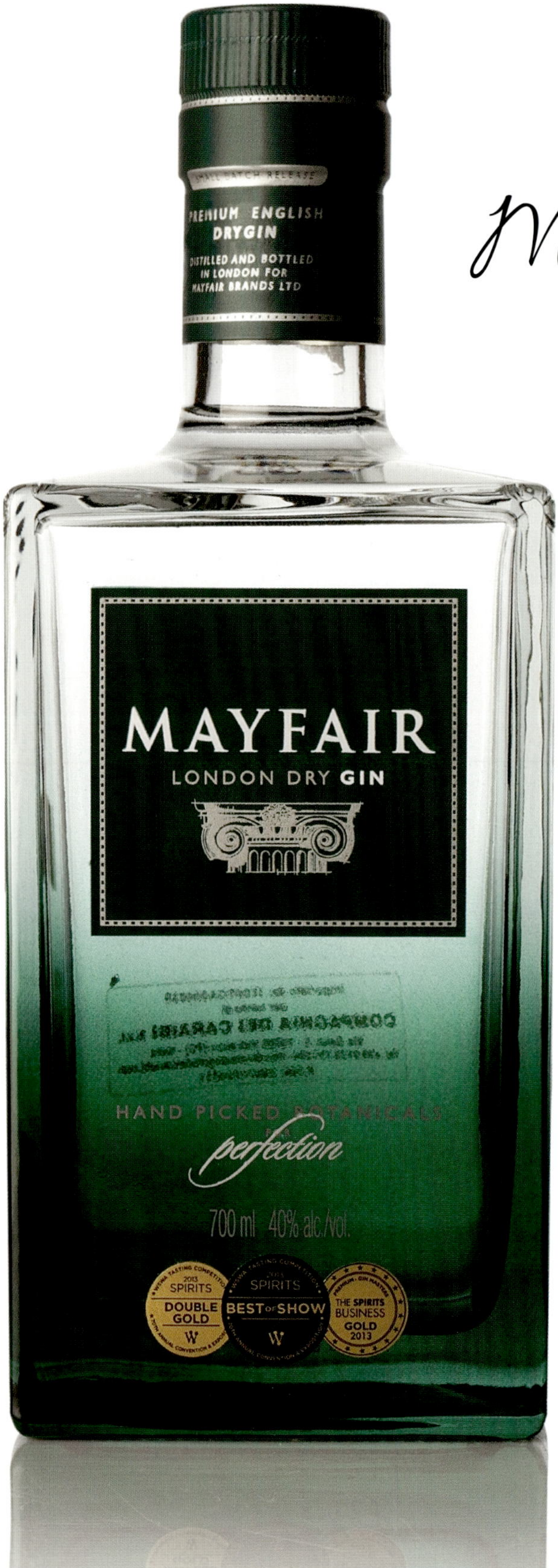
PREMIUM ENGLISH
DRYGIN
DISTILLED AND BOTTLED
IN LONDON FOR
MAYFAIR BRANDS LTD
MAYFAIR
LONDON DRY GIN
HAND PICKED BOTANICALS
perfection
700 ml 40% alc./vol.
2013 SPIRITS DOUBLE GOLD
2013 SPIRITS BEST OF SHOW
THE SPIRITS BUSINESS GOLD 2013

Stil: *Dry Gin/traditionell*
Herkunft: *UK/England*
Alkoholgehalt: *40%*
Flaschengröße: *70 cl*

Herstellung: *traditionelle Kupferbrennblase*
Botanicals: *Wacholder, Engelwurz, Iris, Koriander, Bohnenkraut und weitere nicht deklarierte*

Der Mayfair ist das Beispiel eines modernen Gins, der Tradition und Geschichte wieder aufleben lässt. Der Destilliermeister stammt aus einer Familie mit über dreihundertjähriger Erfahrung in der Destillation. Die Marke wurde von vier Geschäftsmännern kreiert, die sich intensiv mit der Markenkommunikation beschäftigt haben, um ihr Produkt im Luxussegment zu positionieren. Die Destillerie verfügt über zwei Kupferbrennblasen, genannt „Thumbelina" und „Tom Thumb". Erstere fasst 500 Liter und wird zur Gin-Produktion genutzt, Letztere für Wodka. Die Produktlinie umfasst auch Rum.

Verkostung
Nase: *Wacholder und Nadelhölzer mit einer Note von Zitrone*
Gaumen: *weich mit vollem Körper, wacholderlastig*
Abgang: *trocken mit Noten von Zitrone und Koriander*
Ideal: *mit Negroni*

The Mayfair Elegance

35 ml Mayfair • 50 ml Jasmintee mit Honig • 15 ml Chartreuse jaune

Methode: Stir & strain • Glas: Old-fashioned (Tumbler) • Garnitur: Orangenschale und Veilchen

Alle Zutaten in einem Mixglas mit Eis verrühren. In ein mit Eis gefülltes Old-fashion-Glas abseihen und mit Orangenschale und einem Veilchen garnieren.

No. 209

Stil: *Dry Gin/traditionell*
Herkunft: *USA*
Alkoholgehalt: *46%*
Flaschengröße: *70 cl*
Herstellung: *traditionelle Kupferbrennblasen*

Botanicals: *Wacholder aus Kalabrien, Bergamotte, Zitrone, Kardamom, Zimtkassie, Engelwurz, Koriander und weitere nicht deklarierte*

Der No. 209 ist ein Destillat „made in USA" Er wird in Kalifornien produziert, in einer der Destillerien, die als Motor der amerikanischen Gin-Bewegung gelten. Der Namensgeber ist die behördliche Lizenznummer der historischen Destillerie, die die Familie Rudd, die auch viele Weinberge besitzt, im Jahr 2000 wiedereröffnete. Sie verlegte den Sitz an den San Francisco Pier und produzierte den ersten Gin 2005. Die Kupferbrennblase aus schottischer Herstellung ist der Brennblase der Whiskey-Destillerie Glenmorangie nachempfunden, deren über acht Meter hoher Hals in der Lage ist, ein sehr leichtes Destillat herzustellen. Die Verbindung der Familie Rudd zum kalifornischen Weinbau zeigt sich in den Produkten der Linie No. 209: Drei Varianten reifen in Fässern (Sauvignon, Cabernet und Chardonnay), die aus dem Betrieb in Napa Valley stammen. Die Produktpalette umfasst auch einen koscheren Gin sowie einen koscheren Wodka.

Verkostung

Nase: *dominante Pinien- und Wacholdernoten, gefolgt von Zedernholzduft*
Gaumen: *frische Wacholdernoten, Nadelholznoten in ausgewogenem Verhältnis zu allen anderen Elementen der Rezeptur, vor allem zu den Zitrusfrüchten*
Abgang: *weich und nachhaltig mit einer Note aus Koriander und Süßholz*
Ideal: *für einen Martini-Cocktail*

Red Zone

30 ml No. 209 • 120 ml Heidelbeersaft • 60 ml Ginger Ale

Methode: Shake & strain • Glas: Old-fashioned (Tumbler) • Top: Ginger Ale • Garnitur: Orangenscheibe

Den Gin und den Heidelbeersaft in den Shaker geben und schütteln. Dann in ein mit Eis gefülltes Old-fashioned-Glas abgießen und mit Ginger Ale auffüllen. Mit einer Orangenscheibe garnieren.

Plymouth Navy Strength

Stil: *Navy Strength/traditionell*
Herkunft: *UK/England*
Alkoholgehalt: *57%*
Flaschengröße: *70 cl*

Herstellung: *traditionelle Kupferbrennblasen*
Botanicals: *Wacholder, Koriander, Zitronen- und Orangenschale, Engelwurz, Iris, Kardamom*

Die Plymouth-Destillerie wurde 1793 gegründet und war unter dem Namen der Gründer Coates & Co. bekannt. Der Name Plymouth ist, auch durch die geografische Lage, seit über zwei Jahrhunderten mit der Royal Navy und einer der bekanntesten Persönlichkeiten der Geschichte verbunden: Admiral Horatio Nelson. Während des Kriegs gegen Napoleon hatte Nelson Fässer mit Plymouth geladen, dessen Alkoholgehalt als „Navy Strength" berühmt wurde. Warum wählte er einen Alkoholgehalt von mindestens 57 % (100 proof)? Wäre ein Fass Gin unter 100 proof durch raue See oder einen Kanonenschlag geborsten und hätte sich über das Schießpulver ergossen, wäre das Schießpulver unbrauchbar geworden; so ist der Mythos entstanden. Mitte des 19. Jahrhunderts lieferte die Destillerie rund tausend Fässer pro Jahr an die Marine. Nach Jahren des Verfalls geriet Plymouth Gin trotz veränderter Rezepturen und geringerem Alkoholgehalt fast in Vergessenheit. Dank Charles Rolls ist Plymouth 1996 wieder auferstanden und befindet sich heute im Besitz einer großen multinationalen Gesellschaft.

Verkostung

Nase: *Wacholder und Zitrone*
Gaumen: *frisch mit aromatischen Kräuter- und floralen Noten*
Abgang: *lang, balsamisch mit Zitrusnoten*
Ideal: *für Gin Tonic mit einer Limettenscheibe und für Gimlet*

The Pink Gin

60 ml Plymouth Navy Strength • 1 Spritzer Angostura

Methode: Stir & strain • Glas: Martiniglas • Garnitur: Zitronenschale

Den Angostura in ein mit Eis gefülltes Mixglas geben, ca. 15 Sekunden verrühren und in ein Martiniglas abseihen. Die Wände des Martiniglases in kreisenden Bewegungen mit dem Angostura benetzen, dann das Glas umdrehen, um den Überschuss ablaufen zu lassen. Den Gin in das noch mit Eis gefüllte Mixglas geben und schwenken, damit er milder wird. Dann in das vorbereitete Martiniglas abseihen und ein Stück Zitronenschale über dem Glas ausdrücken und dazugeben.

Star of Bombay

Stil: *Dry Gin/traditionell*
Herkunft: *UK/England*
Alkoholgehalt: *47,5%*
Flaschengröße: *70 cl*
Herstellung: *Carter-Head-Brennblasen mit Dampfinfusion*

Botanicals: *Wacholder, Zitronenschale, Paradieskörner, Koriander, Javapfeffer, florentinische Iris, Mandel, Zimtkassie, Süßholz, Engelwurz, Bergamotteschale aus Kalabrien, Abelmoschus-Samen aus Ecuador*

Die Markteinführung des Bombay Sapphires 1987 markiert einen Wendepunkt in der Geschichte des Gins. Der moderne Gin war geboren und präsentierte sich mit einer unverwechselbaren saphirblauen Flasche. Die Rezeptur des Bombay Sapphires zählt zu den ersten, die aufgezeichnet wurden, und geht auf das Jahr 1761 und Thomas Dakin zurück, der eine der größten Destillerien außerhalb Londons gründete. Der Star of Bombay trägt den Namen eines 182-Karat-Saphirs, heute in Besitz des Smithsonians, und wird nach der Rezeptur des Bombay Sapphires mit zwei weiteren Botanicals hergestellt: Bergamotteschale aus Kalabrien und Abelmoschus-Samen aus Ecuador. Der Alkoholgehalt wurde erhöht und der Prozess der Dampfinfusion verlängert, um eine bessere Extraktion der ätherischen Öle und Aromen zu gewährleisten.

Verkostung

Nase: *intensiv mit Noten von Koriander, Engelwurz, Zitrone und Wacholder*
Gaumen: *aromatisch und sehr blumig mit Zitrus-, Gewürz- und Süßholznoten*
Abgang: *balsamisch und würzig mit Süßholznoten*
Ideal: *mit Soda, um die aromatischen Kräuter- und Zitrusnoten hervorzuheben*

Intense Gin & Tonic

Star of Bombay und Tonic (möglichst mit floralen Aromen) zu gleichen Teilen

Methode: Build • Glas: Highball • Garnitur: Bergamotteschale

Die Zutaten direkt in ein hohes, mit Eis gefülltes Glas geben und umrühren. Ein Stück Bergamotteschale über dem Glas ausdrücken und dazugeben.

Tanqueray Bloomsbury Edition

Stil: *Dry Gin/traditionell*
Herkunft: *UK/England*
Alkoholgehalt: *47,3%*
Flaschengröße: *100 cl*

Herstellung: *Kupferbrennblasen*
Botanicals: *italienischer Wacholder, Koriander, Engelwurz und Bohnenkraut*

Der Tanqueray Bloomsbury ist eine limitierte Edition, basierend auf einer Rezeptur von 1880: Der Reichtum der großen „Gin-Dynastien" besteht aus ihrem historischen Archiv mit zahlreichen Rezepturen, die wiederbelebt werden können, und daraus stammt dieser einfache, aber schmackhafte Gin. Die Tanqueray-Destillerie lag damals im Londoner Stadtteil Bloomsbury, daher der Name. Das Etikett zeigt die einfache Rezeptur mit dem Hinweis auf die Herkunft der Wacholderbeeren als Hommage an alte Traditionen, die diese italienische Pflanze mit dem englischen Gin verbinden. Der Bloomsbury ist Teil einer Reihe von Gins nach historischen Rezepturen in limitierter Auflage, jeder mit besonderen Charakteristiken, die uns eine fast perfekte Vorstellung der Gins dieser Zeit bieten.

Verkostung

Nase: *dominanter Wacholder, Gewürze und Blumen*
Gaumen: *Wacholder, Koriander und Bohnenkraut*
Abgang: *lang und sauber*
Ideal: *für Martini-Cocktail mit Zitronenschale*

Tuxedo

30 ml Tanqueray Bloomsbury • 30 ml trockener Wermut • 2,5 ml Maraschino • 1,25 ml Absinth • 3 Tropfen Orange Bitters

Methode: Stir & strain • Glas: Cocktailglas • Garnitur: Zitronenschale und Cocktailkirsche

Die Zutaten in einem Mixglas mit viel Eis verrühren. In ein gekühltes Cocktailglas geben, ein Stück Zitronenschale über dem Glas ausdrücken und dazugeben. Mit einer Spirale aus Zitronenschale und einer Cocktailkirsche garnieren.

Tarquin's

Stil: *Dry Gin/traditionell*
Herkunft: *UK/England*
Alkoholgehalt: *42%*
Flaschengröße: *70 cl*
Herstellung: *traditionelle Kupferbrennblasen*

Botanicals: *Wacholder, Koriandersamen, Orangen-, Zitronen- und Grapefruitschale, Engelwurz, Zimt, Süßholz, Veilchen aus Denon und weitere, nicht deklarierte*

Der Tarquin's wird in der Southwestern Destillerie in Cornwall destilliert, die eine Tradition wiederbelebte, die über mehr als ein Jahrhundert verloren war. Dieser Gin wird in einer sehr kleinen Kupferbrennblase namens Tamara hergestellt, aus der einzelne Chargen mit nur dreihundert Flaschen hervorgehen, von Hand etikettiert und nummeriert. Der Basisalkohol ist aus Getreide, und besonderes Augenmerk wird auf das verwendete Quellwasser gelegt, das aus der Nähe von Boscastle stammt. Inspiriert von der französischen Tradition wird in der Destillerie interessanterweise auch ein Pastis hergestellt.

Verkostung

Nase: *Wacholder, Zitrusfrüchte, Zimt und eine florale Veilchennote*
Gaumen: *würzig, Zitrusnoten*
Abgang: *trocken und würzig*
Ideal: *für Gin Tonic, mit einem Teil Gin und vier Teilen Tonic, viel Eis und einer Zitronenscheibe*

Cornish Martini

50 ml Tarquin's Gin • 10 ml trockener Wermut • 1 Tropfen Pastis

Methode: Stir & strain • Glas: Martiniglas • Garnitur: Zitronenschale

Die Zutaten in ein Mixglas mit Eis geben und umrühren. In ein gekühltes Martiniglas abgießen und mit Zitronenschale garnieren.

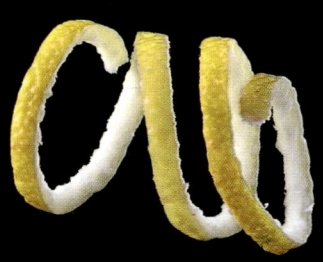

GIN DRY
VALLOMBROSA

ALCOLATO DI BACCHE DI GINEPRO
SECONDO LE ANTICHE RICETTE DEI
MONACI BENEDETTINI DI VALLOMBROSA • FIRENZE

LICENZA U.T.I.F FIX00007S - TRASF. A FREDDO
cl 70   GRADI 47

Vallombrosa Gin Dry

Stil: *Dry Gin/traditionell*
Herkunft: *Italien*
Alkoholgehalt: *47%*
Flaschengröße: *70 cl*

Herstellung: *durch Mazeration in Alkohol*
Botanicals: *Wacholder und weitere regionale Kräuter*

Die Abtei von Vallombrosa, im toskanisch-emilianischen Apennin auf 1000 Meter Höhe gelegen, ist von uralten Waldbeständen umgeben und wurde 1028 von San Giovanni Gualberto erbaut, die heutigen Gebäude stammen aus dem 15. Jahrhundert. Während der napoleonischen Zeit wurde die Abtei vernachlässigt, und nach der Rückgabe an die Mönche 1949 begannen die Benediktiner mit der umfassenden Restaurierung. Der Vallombrosa Dry Gin wird mit einer einzigen wilden Sorte Wacholderbeeren hergestellt, die auf den Hügeln zwischen Sansepolcro und Pieve Santo Stefano in der Provinz Arezzo wächst und von den Mönchen im Zuge ihrer Arbeiten für die Forstverwaltung entdeckt wurde. Das starke Aroma dieser Wacholderart findet sich im Endprodukt in vollem Umfang wieder.

Verkostung

Nase: *frisch und intensiv, wacholderdominiert*
Gaumen: *krautige Wacholdernoten, süß*
Abgang: *trocken mit krautigen Noten, sehr lang und aromatisch*
Ideal: *pur, um die Wacholdernoten zu genießen, für Gin Tonic und Martini-Cocktail*

Gin Sour

60 ml Vallombrosa Gin Dry • 25 ml Zitronensaft • 25 ml Zuckersirup

Methode: Shake & strain • Glas: Coupette • Garnitur: Salbeiblätter

Die Zutaten in einen Shaker mit Eis geben und schütteln. In eine gekühlte Coupette abgießen und mit Salbeiblättern garnieren.

Zeitgenössischer Gin

Bulldog

Caorunn

Elephant Gin

Hernö Juniper Cask Gin

Juniper Green Trophy

Martin Miller's 9 Moons

Shortcross

Skin Gin

The Botanist

Ungava

Williams Elegant Chase

In den letzten zwanzig Jahren hat sich die Welt des Gins merklich gewandelt. Die Rückkehr zur Tradition trug dazu bei, das Interesse der Verbraucher erneut zu wecken, und es dauerte nicht lange, bis neue, zeitgemäße Produkte auf den Markt kamen. Modernere Rezepturen, Herstellungsmethoden und Marketingstrategien machen diese Gins zu Besonderheiten, zusammen mit trendigen Flaschen und fantasievollen Etiketten, die ihre Charakteristiken kommunizieren. Die solide Basis zeitgenössischer Gins liegt immer noch in der Tradition, dennoch gelang es den Herstellern, Elemente zur Differenzierung einzubringen, wie ungewöhnliche, lokale oder exotische Zutaten. Coarunn und The Botanist gingen aus der Tradition schottischer Whisky-Destillerien hervor und führten eine Vielzahl regionaler, schon vergessen geglaubter Botanicals ein, wie die Apfelsorte Coul Blush. Der deutsche Elephant Gin ist von Afrika inspiriert, sowohl hinsichtlich der Zutaten als auch seiner Botschaft, in der es um die Rettung dieser großen Säugetiere geht, zu der die Hersteller konkret beitragen. Der schwedische Hernö setzt auf die Reifung in Fässern, die, vermutlich erstmalig bei einem kommerziellen Produkt, aus Wacholderholz hergestellt wurden, während Chase einen Alkohol aus Äpfeln eigener Produktion zur Herstellung des Gins verwendet.

BULLDOG

A Brazen Breed,
Perfectly Balanced With
Natural Poppy, Dragon Eye
And Hints Of Crisp Citrus.
Bulldog Guards The Time-Honoured
Tradition Of Distilling,
Meeting All Opposition With
Brilliant Character And
A Palatable Disposition.

Respect Its Spirit And
It Will Remain Forever Loyal.

LONDON DRY GIN
DISTILLED FROM 100% GRAIN NEUTRAL SPIRIT
PRODUCT OF ENGLAND
40% VOL   70 cl

Bulldog

Stil: *London Dry Gin/zeitgenössisch*
Herkunft: *UK/England*
Alkoholgehalt: *40%*
Flaschengröße: *70 cl*
Herstellung: *traditionelle Kupferbrennblasen*

Botanicals: *toskanischer Wacholder, Iris, Koriander aus Marokko, spanische Zitrone, französischer Lavendel, Lotosblätter, Süßholz, Mohn, Longanfrucht*

Der Bulldog wurde aus einer Idee des Amerikaners Anshuman Vohra geboren, dem Gründer des Unternehmens, der sich für den Namen einer bekannten englischen Hunderasse entschied, auch um das Jahr des Hundes 2006 zu feiern, in dem die Marke konzipiert wurde. Die Zutaten sind weitgehend traditionell, außer der aus China stammenden Longanfrucht, die dort „Drachenauge" genannt wird und mit der Litschi vergleichbar ist. Der Gin wird traditionell in einer großen Londoner Destillerie hergestellt und viermal destilliert. Zur Produktlinie gehört auch eine Bold-Version mit höherem Alkoholgehalt.

Verkostung

Nase: *Wacholder mit floralen Lavendelnoten*
Gaumen: *floral, fruchtig mit balsamischen und Süßholznoten*
Abgang: *würzig, balsamisch und trocken*
Ideal: *für Gin Tonic mit einem Lavendelblatt garniert*

Southside

60 ml Bulldog • 30 ml Zitronensaft • 5 Minzblätter •
25 ml Zuckersirup

Methode: Shake & double strain • Glas: Old-fashion (tumbler) •
Garnitur: ein Zweig Minze

Die Zutaten in den Shaker mit Eis geben und kräftig schütteln. Mit einem zusätzlichen kleinen Sieb in den mit Eis gefüllten Tumbler abseihen und mit frischer Minze garnieren.

Stèidhichte
{ 1824 }

Handcrafted from pure
grain spirit and time-honoured
Celtic botanicals.

CAORUNN
ka-roon

CAORUNN
{ka-roon}

70cl ℮   SMALL BATCH SCOTTISH GIN   41.8% vol.
DL10000   *Balmenach Distillery Stèidhichte 1824*

Caorunn

Stil: *Dry Gin/zeitgenössisch*
Herkunft: *UK/Schottland*
Alkoholgehalt: *41,8%*
Flaschengröße: *70 cl*
Herstellung: *Kupferbrennblasen vom Typ Berry Chamber*

Botanicals: *Wacholder, Koriandersamen, Zitronenschale, Orangenschale, Engelwurz, Zimtkassie, Vogelbeeren, Gagelstrauch (Myrica gale), Erika, Löwenzahn, Coul-Blush-Apfel*

Der Caorunn wird in der schottischen Whisky-Destillerie Balmenach unter Verwendung der einzigen noch genutzten Brennblase vom Typ Berry Chamber hergestellt. Diese Art Brennblasen wurden vor allem im 19. Jahrhundert verwendet und erlauben eine langsame und sanfte Extraktion der Aromen. Die Botanicals werden in einer Art Kupfertrommel auf vier Etagen verteilt: die Destillationsdämpfe steigen langsam auf und nehmen die Aromen sorgsam auf.
Der Gin wird in kleinen Chargen aus rund tausend Litern produziert. Caorunn ist der gälische Name der Vogelbeeren, die Früchte der Eberesche, die in Nordeuropa häufig anzutreffen ist. Zu den Botanicals gehört auch eine wenig bekannte und fast vergessene Apfelsorte, der Coul Blush.

Verkostung

Nase: *floral mit Noten von weißen Früchten und Wacholder*
Gaumen: *süß und sehr samtig mit einer Apfelnote*
Abgang: *frisch und trocken*
Ideal: *für Gin Tonic mit einer Apfelscheibe Pink Lady garniert*

Chilli and Mandarin Collins

25 ml Caorunn • 25 ml Mandarine Napoleon • 25 ml Zitronensaft •
7,5 ml Gomme (Gummisirup) • eine halbe Chilischote zerkleinert

Methode: Shake & double strain • Glas: Collinsglas • Top: Soda •
Garnitur: Chilischote

Die Zutaten in einen Shaker mit Eis geben und schütteln. Mit zusätzlichem Sieb in ein Collinsglas abseihen, crushed ice zugeben, mit Soda auffüllen und mit einer Chilischote garnieren.

Elephant Gin

Stil: *Dry Gin/zeitgenössisch*
Herkunft: *Deutschland*
Alkoholgehalt: *45%*
Flaschengröße: *70 cl*
Herstellung: *Holstein-Kupferbrennblasen*

Botanicals: *Wacholder, Bergpiniennadeln, Lavendel, Orangenschale, frischer Apfel, Zimtrinde, Ingwer, Piment, Teufelskralle, Buchu, Holunder, Löwenschwanz, afrikanischer Wermut, Baobab*

Die Destillerie liegt außerhalb Hamburgs und verwendet Holstein-Kupferbrennblasen. Die Botanicals, wovon einige aus Afrika stammen, werden rund vierundzwanzig Stunden maceriert. Das Rezept erinnert an London Dry Gin, und das Destillat ruht vor der Abfüllung einige Tage. Es werden kleine Chargen von rund 700 Flaschen produziert. Jede Charge hat den Namen eines Elefanten, und 15 % des Gewinns gehen an die Big Life Foundation und an Space for Elephants zum Schutz afrikanischer Elefanten. Die Gründer behaupten, die Idee für einen afrikanisch inspirierten Gin sei ihnen beim Gedanken an den „Sundowner" gekommen, ein aus Südafrika stammender Begriff für den ersten Drink, den man bei Sonnenuntergang nach getaner Arbeit genießt.

Verkostung

Nase: *hervorstechende, frische Wacholder- und Nadelholznote begleitet von einem klaren Apfelduft*
Gaumen: *weich, floral und fruchtig mit dominierendem Apfelaroma*
Abgang: *würzig*
Ideal: *für Gin Tonic mit Ingwer- und Apfelscheiben*

Wild Freedom

50 ml Elephant Gin • 30 ml Zitronensaft • 15 ml Ingwersirup • 15 ml Chartreuse jaune • 3 Tropfen Rosmarintinktur (1 Teil frischer Rosmarin und 2 Teile Alkohol 3 Tage mazerieren lassen)

Methode: Shake & strain • Glas: Coupette • Garnitur: Rosmarinzweig

Die Zutaten in einen Shaker mit Eis geben und schütteln. In eine gekühlte Coupette abgießen und einen Zweig Rosmarin an den Rand des Glases stecken.

Hernö Juniper Cask Gin

Stil: *fassgereifter Dry Gin/zeitgenössisch*
Herkunft: *Schweden*
Alkoholgehalt: *47%*
Flaschengröße: *50 cl*
Herstellung: *traditionelle Kupferbrennblasen*

Botanicals: *Wacholder und Koriander aus Bulgarien, Zitrone, schwedische Preiselbeeren, Vanille aus Madagaskar, Zimtkassie aus Indonesien, schwarzer Pfeffer aus Indien, Mädesüß aus England*

Die erste reine Gin-Destillerie Schwedens wurde 2011 von Jon Hillgren gegründet. Ihr Sitz ist in Dala in der Umgebung von Härnösand, in einem Gebiet namens The High Coast, das zum Weltnaturerbe der UNESCO gehört. Die Destillerie wird von einem traditionellen rot-weißen Holzbau beherbergt und verfügt über zwei Kupferbrennblasen namens Kerstin und Marit. Die Basis der hier produzierten Gin-Sorten besteht aus acht Botanicals, alle aus biologischem Anbau. Der Juniper Cask reift dreißig Tage lang in kleinen, 39,5-Liter-Fässern aus Wacholderholz. Dieses Produkt wird, wie alle anderen der Destillerie, nicht kalt gefiltert (unchillfiltered). Die Produktlinie umfasst auch Dry Gin, Navy Strength und Old Tom.

Verkostung

Nase: *intensiv, Noten von Moschus, geschnittenem Gras, Nadelhölzern und Wacholder*
Gaumen: *süß, trocken, intensiv und nachhaltig mit Zitronen- und Nadelholznoten*
Abgang: *trocken, balsamisch mit Noten von Pinienharz und Wacholder*
Ideal: *für Gin Tonic mit frischem Koriander und Limette*

Juniper Cask Tonic

50 ml Hernö Juniper Cask Gin • 150 ml Tonic

Methode: Build • Glas: Ballonglas • Garnitur: Wacholderbeeren, schwarze, getrocknete Oliven und getrocknete Lorbeerblätter

Gin und Tonic in ein mit Eis gefülltes Ballonglas geben und umrühren. Mit Wacholderbeeren, schwarzen, getrockneten Oliven und getrockneten Lorbeerblättern garnieren. Für ein optimales Resultat ein herbes Tonic Water verwenden.

Juniper Green Trophy

Stil: *Dry Gin biologisch/zeitgenössisch*
Herkunft: *UK/England*
Alkoholgehalt: *43%*
Flaschengröße: *70 cl*

Herstellung: *traditionelle Kupferbrennblasen*
Botanicals: *Wacholder, Koriander, Engelwurz, Bohnenkraut*

Der Juniper Green Trophy ist seit 1999 auf dem Markt und erfreut sich seither, ohne große Werbeinvestitionen, großer Beliebtheit, weil dieses Destillat von Anfang bis Ende rein biologisch ist: der Weizen für den Basisalkohol und die Botanicals stammen aus biodynamischem Anbau, und die wild wachsenden Kräuter werden nachweislich unter Erhaltung des ökologischen Gleichgewichts geerntet. Bis hin zum Destillations- und Filtrationsprozess ist alles vegan. Diese Version wurde ursprünglich nur für den exklusiven Londoner Carlton Club hergestellt, war aber so erfolgreich, dass sie in die Produktlinie dieses kleinen Produzenten aufgenommen wurde. Ein innovativer und moderner Gin, dennoch streng orthodox nach Londoner Tradition, der in einer der großartigen Destillerien der Stadt hergestellt wird, in denen der Destilliermeister auch der Chef ist.

Verkostung

Nase: *krautig mit Piniennoten*
Gaumen: *weich und schmackhaft mit stark balsamischen Noten*
Abgang: *zitronig, komplex und nachhaltig*
Ideal: *für Gin Tonic mit einer Zitronenscheibe, mit der zuvor der Rand des Glases benetzt wurde*

The Gin Daisy

60 ml Juniper Green Trophy • 15 ml Granatapfelsirup • 1 Zitrone

Methode: Shake & strain • Glas: Highballglas • Garnitur: Granatapfelkörner, Zitronenscheibe

Vorher den Sirup zubereiten: Zucker und Wasser zu gleichen Teilen aufkochen lassen, bis der Zucker vollständig gelöst ist, Granatapfelsaft hinzufügen und kalt stellen. Für den Cocktail Gin und Sirup in einen Shaker mit Eis geben und schütteln. In ein Highballglas einige Eiswürfel geben, den Cocktail darübergießen, mit Granatapfelkörnern und einer Zitronenscheibe garnieren.

Martin Miller's 9 Moons

Stil: *Dry Gin fassgereift/zeitgenössisch*
Herkunft: *UK/England, Island*
Alkoholgehalt: *40%*
Flaschengröße: *35 cl*
Herstellung: *traditionelle Kupferbrennblasen*

Botanicals: *Wacholder, Koriander, Engelwurz, Orangenschale, Zitronenschale, Limettenöl, Iris, Zimtkassie, Muskatnuss, Süßholz, Gurkenextrakt*

Die Produktion dieses Gins begann 1999 in der Langley-Destillerie in der Umgebung von Birmingham, das Wasser zur Verdünnung kommt allerdings aus Island. Auf den Etiketten von Martin Miller's Gin prangen gleichermaßen die isländische und die englische Flagge. Der Gin basiert auf zehn Botanicals: die Zitrusfrüchte (Orangen-, Zitronen- und Limettenschale) werden separat mazeriert und destilliert und dann mit dem Destillat der restlichen Botanicals verschnitten. Die Destillerie arbeitet mit einer großen traditionellen Brennblase, die über hundert Jahre alt ist und von den Eigentümern auf den Namen Angela getauft wurde. Der 9 Moons wird zur Reifung nach Island gebracht, die trockene Kälte dort ist ideal für die langsame Reifung, nämlich „9 Monde" lang, sprich neun Monate. Der Gin reift in großen Eichenfässern und jede Charge stammt aus einem einzigen Fass.

Verkostung
Nase: *Zitrus- und Wacholdernoten, begleitet von einem Touch Vanille und Holz*
Gaumen: *Es wiederholen sich die Zitrus- und Vanillenoten*
Abgang: *frisch und balsamisch mit würziger Holznote*
Ideal: *pur*

9 Moons

4 cl 9 Moons mit zwei Eiswürfeln serviert

Methode: On the rocks · Glas: Old-fashioned (Tumbler)

Den Gin direkt in einen Tumbler mit zwei großen Eiswürfeln gießen.

Shortcross

Stil: *Dry Gin/zeitgenössisch*
Herkunft: *UK und Nordirland*
Alkoholgehalt: *46%*
Flaschengröße: *70 cl*
Herstellung: *450-Liter-Kupferbrennblase der Firma Carl mit Doppelsäule*

Botanicals: *bekannt sind Wacholder, Koriander, Orangenschale, Zimtkassie, wilder Klee, Holunderblüten und -beeren, grüner Apfel*

Der Shortcross stammt aus der Rademon Estate Distillery. Bemerkenswert ist die Destillieranlage, die von der deutschen Firma Carl hergestellt wurde. Sie besteht aus einer Kupferbrennblase, die 450 Liter fasst, und zwei daran gekoppelten Säulen, jede mit sieben Böden, um den Rückfluss nach Bedarf zu erhöhen und zu senken. Das Ergebnis ist ein sehr reines und leichtes Destillat. Im Jahr 2012 aus einer Idee von Fiona und David Boyd-Armstrong geboren, ist dieser Gin eine Ode an das Grün Irlands: der Klee, das Symbol der Insel, der Holunder und der grüne Apfel verleihen ihm seine grünen Noten. Die Linie umfasst auch einen fassgereiften Gin und einige limitierte Auflagen.

Verkostung

Nase: *sanft mit balsamischen, fruchtigen Noten, Holunderblüte*
Gaumen: *vollmundig, warm, Apfel- und Holundernoten mit krautigem Wacholder-Unterton*
Abgang: *lang und weich*
Ideal: *für Gin Tonic mit Fever-Tree Elderflower Tonic und Minzblättern*

9 Hour Bill

35 ml Shortcross • 10 ml Campari • 20 ml Orangensaft • 10 ml Zitronensaft • 10 ml Zuckersirup • 15 ml Eiklar

Methode: Dry shake, shake & strain • Glas: Cocktailglas • Garnitur: Orangenschale

Die Zutaten in einen Shaker geben und schütteln. Dann Eis hinzufügen und kräftig schütteln. In ein gekühltes Cocktailglas abgießen und ein Stück Orangenschale über dem Glas ausdrücken und dazugeben.

SKIN
GIN

HANDCRAFTED
GERMAN
DRY GIN

500 ML | 42% VOL.

Skin Gin GmbH
Alter Marktplatz 9
21720 Steinkirchen
Germany

Skin Gin

Stil: *London Dry Gin/zeitgenössisch*
Herkunft: *Deutschland*
Alkoholgehalt: *42%*
Flaschengröße: *70 cl*

Herstellung: *Kupferbrennblasen Holstein*
Botanicals: *Wacholder, vietnamesischer Koriander, marokkanische Minze, Limettenschale, Orange, Zitrone und Grapefruit*

Der Skin Gin entstand nach einer Idee des dänischen Geschäftsmannes Martin Birk Jensen und wurde 2015 zum ersten Mal präsentiert. Die Arbeit begann jedoch schon viel früher mit der Konzeption der Flasche durch den Designer Mathias Rüsch, die, um dem Markennamen gerecht zu werden, mit einer echten „Haut" aus Leder überzogen ist und so auch zu einem taktilen Erlebnis wird. Jeder Kunde kann sich seine eigene Gin-Edition durch Personalisierung der Flasche kreieren lassen. Der Geschmack ist geprägt von Zitrusfrüchten, frischer Minze und Koriander. Die Botanicals werden alle einzeln in zwei unterschiedlichen Holstein-Anlagen destilliert, dann wird alles verschnitten und verdünnt, um das Endresultat zu erhalten.

Verkostung

Nase: *frisch und zitronig mit klaren Grapefruit- und Minznoten*
Gaumen: *Der Wacholder lässt Platz für die Noten aller Zitrusfrüchte, des Korianders und die Frische der Minze*
Abgang: *komplex, lang und frisch*
Ideal: *für Gin Tonic mit Orange-Twist (über dem Glas ausgedrückte Schale) und Rosmarinzweig garniert*

Gin Hot Toddy

40 ml Skin Gin • 25 ml Zitronensaft • 60 ml warmes Wasser • 5 ml Honig

Methode: Build • Glas: Tasse • Garnitur: Zimtstange

Den Honig in die Tasse geben, Gin, Zitronensaft und warmes Wasser zugeben und rühren, bis sich der Honig aufgelöst hat. Mit einer Zimtstange garnieren.

The Botanist

Stil: *Dry Gin/zeitgenössisch*
Herkunft: *UK/Schottland*
Alkoholgehalt: *46%*
Flaschengröße: *70 cl*
Herstellung: *Kupferbrennblase Lomond*
Botanicals: *Wacholder, Engelwurz, Zimtkassie, Zimt, Koriander, Zitronenschale, Orangenschale, Süßholz,*

Iris florentina, Mentha suaveolens, Betula pubescens, Gagelstrauch, Kamille, Acker-Kratzdistel, Holunder, Ginster, Erika, Weißdorn, Kriechwacholder, echtes Labkraut, Melisse, Mädesüß, Mentha spicata, Artemisia, Rotklee, Süßdolde, Rainfarn, Thymian, Wasserminze, Weißklee, Knoblauch-Gamander

The Botanist wird stolz in der schottischen Whisky-Destillerie Bruichladdich auf der Insel Islay produziert, die berühmt für ihren getorften Whisky ist. Für den Gin wird eine Lomond Still verwendet, die zuvor für die Whiskey-Destillation in Inverleven in Gebrauch war und eine Kombination aus Brennblase und Säule darstellt. Ihre wenig harmonische Form verleitete den schottischen Journalisten dazu, sie als „riesige umgedrehte Mülltonne aus Kupfer" zu bezeichnen, und wurde gerade wegen ihrer mangelnden Eleganz in der Destillerie auf den Namen „Ugly Betty" getauft. Die Destillation erfolgt sehr langsam: Die Brennblase wird zuerst auf eine Temperatur erhitzt, die unter dem Siedepunkt des Alkohols liegt, dabei werden Botanicals in festgelegter Reihenfolge hinzugefügt und rund zwölf Stunden lang „ausgekocht". Dann wird die Temperatur erhöht und der Dampf strömt durch weitere Botanicals, die im „Säulenteil" der Anlage positioniert sind. Die Zahl 22 auf dem Etikett steht für Anzahl der verwendeten Botanicals, 13 davon stammen direkt von der Insel, darunter auch der Gagelstrauch, eine für Schottland typische Pflanze.

Verkostung
Nase: *Noten von Minze, Gewürzen, Zitrusfrüchten und Blumen*
Gaumen: *warm und weich mit Wacholder, der Platz für die Zitrusnoten lässt*
Abgang: *frisch, balsamisch mit Meeresnote*
Ideal: *für Martini mit einem leichten Wermut*

White Negroni

30 ml The Botanist • 60 ml Cocchi Americano • 15 ml Luxardo Maraschino • 4 Tropfen Grapefruit Bitter

Methode: Stir & strain • Glas: Old-fashioned (Tumbler) • Garnitur: Orangenschale

Alle Zutaten in einem Mixglas mit Eis verrühren. In einen mit Eis gefüllten Tumbler abgießen und mit einem Stück Orangenschale garnieren.

Ungava

Stil: *lokal/zeitgenössisch*
Herkunft: *Kanada*
Alkoholgehalt: *43%*
Flaschengröße: *70 cl*

Herstellung: *Mazeration einiger Botanicals nach der Destillation*
Botanicals: *Wacholder und Kräuter aus der Gegend, u. a. Sumpfporst, Bärentraube, Moltebeere, Hundsrose*

Der Ungava hat seinen Namen von der gleichnamigen Bucht nördlich von Québec, aus der auch ein Großteil der Kräuter stammt, die ihm seine typische gelbe Farbe verleihen. Neben dem Wacholder wird dieser Gin aus einer lokalen Kräuter- und Beerenmischung hergestellt, zu der auch der Sumpfporst gehört, der von den Einheimischen „Labrador Tea" genannt wird.
Die gelbliche Farbe ist der Beigabe der Kräuter nach der Destillation geschuldet, zudem wird der Basisalkohol aus kanadischem Mais hergestellt.

Verkostung

Nase: *Wacholder, Zitrusaromen mit frischer, krautiger Note*
Gaumen: *süß und fruchtig*
Abgang: *frisch und balsamisch*
Ideal: *Gibson Martini*

Signature Pour

60 ml Ungava • eine halbe Grapefruit

Methode: Build • Glas: Old-fashioned (Tumbler) • Garnitur: Grapefruitschale

Eine halbe Grapefruit über einem Tumbler ausdrücken, große Eiswürfel und Gin dazugeben, umrühren, ein Stück Grapefruitschale über dem Glas ausdrücken und dazugeben.

Williams Elegant Chase

Stil: *Gin aus biologischem Cidre/ zeitgenössisch*	**Herstellung:** *Kupferbrennblasen Carter- Head für 400 Liter*
Herkunft: *UK/England*	**Botanicals:** *Malz, Holunder, Apfel der*
Alkoholgehalt: *48%*	*Sorte Bramley, Engelwurz, Wacholder und*
Flaschengröße: *70 cl*	*weitere nicht deklarierte*

Der Williams Chase ist in seiner Elegant-Variante einer der Eckpfeiler der weltweiten Wiedergeburt des Gins und einer der ersten mit besonderem Fokus auf das verwendete Ausgangsmaterial. Die Familie Chase, Agrarunternehmer seit Anfang der 2000er-Jahre, vor allem im Kartoffelanbau, setzte stets auf Kundenbindung durch den Direktverkauf ihrer Erzeugnisse. 2008 beschloss die Familie, eine Destillerie zu gründen. Die erste Produktion war ein Wodka aus Kartoffeln, auf dessen Basis die Gin-Herstellung begann. Der Basisalkohol des Elegants besteht jedoch aus einem selbst hergestellten, biologischen Cidre, der in einer Säule zu einem Produkt mit einem Alkoholgehalt von 80% vol. destilliert wird; im Vergleich zum Kartoffelschnaps ist er aromatischer, körpervoller und hat eine leichte Zitrusnote. Um tausend Liter Alkohol herzustellen, sind über sechzehn Tonnen Äpfel nötig. Das erhaltene Apfel-Destillat wird mit Wasser und Alkohol versetzt und in einer Carter-Head-Anlage erneut destilliert, wobei die Botanicals in einem Lochkorb oberhalb der Brennblase positioniert sind und durch den Destillationsdampf extrahiert werden. Die gesamte Produktion findet innerhalb des Unternehmens statt, und das ist auch auf der Flasche beschrieben. Die Produktlinie umfasst neben dem Williams GB zwei durch Zitrusfrüchte charakterisierte Produkte (Pink Grapefruit und Seville Orange) auf Kartoffelbasis.

Verkostung

Nase: *fein mit deutlich floralen und fruchtigen Noten*
Gaumen: *weich, rund und fruchtige Apfelnoten*
Abgang: *reichhaltig, anhaltend und weich*
Ideal: *für Gin Tonic garniert mit einer Apfelscheibe*

The Apple Leaf

40 ml Williams Elegant Chase • 10 ml Sambuca • 12,5 ml Zitronensaft • 10 ml Granatapfelsirup • 20 ml Eiklar

Methode: Shake & double strain • Glas: Martiniglas • Garnitur: Minzblätter

Die Zutaten in einen Shaker mit Eis geben und kräftig schütteln und durch ein zusätzliches kleines Sieb in ein gekühltes Martiniglas abseihen; mit Minzblättern garnieren.

Innovativer Gin

G'Vine Floraison

Gin Mare

Ginraw

Hendrick's

Malfy

Monkey 47

Santamania Four Pillars

Sipsmith V.J.O.P

Es gibt verschiedene Wege, um sich in der immer weiter wachsenden Stil- und Markenvielfalt zu behaupten. Viele neue Produzenten sichern sich ihre Marktanteile mit innovativen Konzepten: noch nie dagewesene Zutaten, extrem durchdachte und komplexe Produktionstechniken unter Anwendung modernster Apparaturen, eine Mannschaft, an der auch branchenfremde Fachleute aus der Gastronomie sowie aus der Mode- und Parfumindustrie beteiligt sind, um nur einige Beispiele zu nennen. Hendrick's, mit einem komplexen Produktionsprozess und ungewöhnlichen Aromen wie Gurke als Hommage an die englischen Sandwich-Klassiker, und der Gin Mare mit seinem modernen, mediterranen Flair waren sicherlich die führenden Protagonisten der Innovation. In den letzten Jahren machte sie auch vor anderen Disziplinen nicht Halt; so wird bei Ginraw unter anderem die sogenannte Rotaval-Technik zur Destillation eingesetzt, mit der auch große Küchenchefs arbeiten. Teil der Innovation ist auch, alte Techniken der Gin-Herstellung neu zu erfinden: G'Vine, hergestellt in einer Gegend, die eigentlich eine andere Berufung hat, den Cognac, verwendet aus Trauben hergestellten Alkohol, wie in den Anfängen dieses Getränks.

G'Vine Floraison

Stil: *aus Trauben destillierter Gin/innovativ*
Herkunft: *Frankreich*
Alkoholgehalt: *40%*
Flaschengröße: *70 cl*

Herstellung: *drei Typen traditioneller Kupferbrennblasen*
Botanicals: *Wacholder, Ingwer, Süßholz, Zimtkassie, Zimt, Koriander, Muskatnuss, Javapfeffer, Limettenschale, Weinblüten*

Der G'Vine entstand nach einer Idee von Jean-Sébastien Robicquet und ist gleichermaßen Berührungspunkt mit dem Wein und mit den Wurzeln des Gins, der einst auch aus Trauben gemacht wurde. Der G'Vine stammt aus der Region Cognac, Hochburg des Weinbrands. Von den Reben werden nicht nur die Trauben zur Herstellung des Basisalkohols genutzt, sondern auch ihre Blüten finden als Botanicals Eingang in die Produktion; sie werden einige Tage in Alkohol mazeriert und in einer kleinen Florentine-Brennblase destilliert. Auch die weiteren Botanicals werden einzeln in einer Kupferbrennblase destilliert. Die Destillate werden verschnitten und unter Zusetzung von Traubendestillat in einer dritten Brennblase „Lily Fleur" erneut destilliert. Die Produktlinie umfasst auch den G'Vine Nouaison, bei dem nicht die Blüten genutzt werden, sondern die kleinen Traubenbeeren, die sich kurz nach der Blüte bilden.

Verkostung

Nase: *floral und fruchtig mit Wacholdernoten*
Gaumen: *trocken mit balsamischen und floralen Noten*
Abgang: *floral und nachhaltig mit zitronigen Noten*
Ideal: *für Gin Tonic, garniert mit einem Spieß weißer Trauben*

Grape Martinez

45 ml G'Vine Floraison • 30 ml roter Wermut • 2 Esslöffel Zitronensaft • Eine Handvoll rote Trauben • 2,5 ml Zuckersirup

Methode: Shake & strain • Glas: Coupette • Garnitur: ein Spießchen roter Trauben

Die Trauben mit dem Stößel zerkleinern oder pürieren. Die Zutaten in einen Shaker mit Eis geben und mindestens eine Minute lang schütteln, in eine gekühlte Coupette abgießen und mit aufgespießten roten Trauben garnieren.

Gin Mare

GIN MARE

DISTILLED FROM OLIVES, THYME, ROSEMARY AND BASIL.

700 ml. Alc. 42,7 % vol.

Stil: *mediterran/innovativ*
Herkunft: *Spanien*
Alkoholgehalt: *42,7%*
Flaschengröße: *70 cl*

Herstellung: *traditionelle Florentine-Kupferbrennblasen, 250 Liter*
Botanicals: *Basilikum, Thymian, Rosmarin, Zitrusfrüchte, Wacholder, Koriander, Kardamom, Arbequina-Oliven*

Der Gin Mare ist einer der berühmten Vorläufer des neuen Gins des dritten Jahrtausends und wurde 2008 von einem Joint Venture aus der traditionsreichen Gin-Herstellerfamilie Ribot und einer Firma, die auf die Produktion von Premiummarken spezialisiert ist, auf den Markt gebracht. Seine besondere Charakteristik sind mediterrane Botanicals, darunter auch Oliven. Die ikonenhafte Flasche, deren Verschluss auch als Messbecher dient, wurde 2012 eingeführt und war schon nach wenigen Jahren hinter jeder Bar der Welt zu finden. Für jede Produktion sind fünfzehn Kilo Arbequina-Oliven notwendig, und die verwendeten Zitrusfrüchte werden in einer Lösung, die zu gleichen Teilen aus Wasser und Alkohol besteht, für rund ein Jahr mazeriert. Die restlichen Botanicals werden 36 Stunden lang in Alkohol eingelegt und einzeln vier Stunden lang in einer Florentine-Kupferbrennblase destilliert. Die einzelnen Destillate werden unter Zugabe von Neutralalkohol verschnitten und auf den finalen Alkoholgehalt gebracht. Der Wacholder wird von der Familie selbst angebaut.

Verkostung

Nase: *mediterrane Botanicals mit dominanten krautigen Noten von Thymian und Wacholder*
Gaumen: *balsamische Wacholdernoten und deutliche Thymian-, Basilikum- und Rosmarinnoten*
Abgang: *komplex und krautig mit Oliven- und Zitrusnoten*
Ideal: *für Gin Tonic mit einem Thymianzweig*

Red Sea

50 ml Gin Mare • 20 ml Vanillesirup • Saft einer Limette •
3 Scheiben rote Paprika • ein Zweig Thymian

Methode: Shake & double strain • Glas: Old-fashioned (Tumbler) •
Garnitur: Julienne aus getrockneter roter Paprika

Den Shaker mit drei Scheiben frischer roter Paprika, Thymianzweig und dem Saft einer Limette füllen und schütteln. Restliche Zutaten und Eis dazugeben und schütteln, bis eine homogene Flüssigkeit entsteht. Durch ein zusätzliches kleines Sieb in einen mit Crushed-Eis gefüllten Tumbler abseihen und mit den getrockneten Paprikastückchen garnieren.

Ginraw

Crafted *with botanicals distilled*
at low temperature in

BARCELONA

GASTRONOMIC GIN

GINRAW

Distilled Gin
42,3%VOL.
70CL.

Stil: *Gastronomie-Gin/innovativ*
Herkunft: *Spanien*
Alkoholgehalt: *42,3%*
Flaschengröße: *70 cl*

Herstellung: *traditionelle Kupferbrennblasen und Rotaval*
Botanicals: *Wacholder, Zitrone, Zeder, Blätter der Kaffir-Limette, schwarzer Kardamom, Koriander, Lorbeer*

Der Ginraw wurde von zwei Marketingspezialisten und leidenschaftlichen Barcelona-Liebhabern kreiert, Roger Burgués und Luis Jáuregui, die jahrelang die Avantgarde der Gastronomie studierten; man denke nur an die Molekularküche. Die beiden Gründer entschlossen sich nach langer Erfahrung auf dem Alkoholsektor, zusammen mit einem Team, bestehend aus Rossend Mateu (Parfümeur), Sergi Figueras (Sommelier), Javier Caballero (Mixologe) und Xano Saguer (Chefkoch), ein innovatives Produkt ins Leben zu rufen, das von den unterschiedlichen Erfahrungen und Technologien profitiert. Die Produktion erfolgt in zwei Abschnitten: der mit Wacholder aromatisierte Basisalkohol wird traditionell in Kupferbrennblasen hergestellt, die dann hinzugefügten Botanicals werden in einem Rotationsverdampfer „Rotaval" separat destilliert, ein Verfahren, das die Extraktion der Öle bei rund 25° C ermöglicht. Das Resultat ist ein weicher Gin mit starken, deutlich erkennbaren Aromen, die alle Eigenschaften der ursprünglichen Botanicals beibehalten haben. Deshalb definiert sich der Ginraw per se als Gastronomie-Gin.

Verkostung

Nase: *deutliche Zitrusnote, würzig*
Gaumen: *weich, die Zutaten sind deutlich erkennbar mit Betonung auf den Zitrus- und Wacholdernoten*
Abgang: *frisch, krautig, komplex und ausgewogen*
Ideal: *für Gin Tonic mit Apfelscheiben der Sorte Granny Smith und Ingwer*

Rare Sazerak

60 ml Ginraw • 1 Stück Würfelzucker • 2 Spritzer Bitter Grapefruit • Aromaspray

Methode: Stir & strain • Glas: Coupette • Garnitur: Zitronenschale

Den Zucker mit den anderen Zutaten in einem Mixglas mit Eis bis zum gewünschten Grad und bis zur gewünschten Temperatur auflösen. In eine gekühlte Coupette abgießen und mit einem Aromaspray nach Geschmack (z. B. Kamille, Lavendel) aromatisieren. Ein Stück Zitronenschale über dem Glas ausdrücken und dazugeben.

Hendrick's

Stil: *Dry Gin/innovativ*
Herkunft: *UK*
Alkoholgehalt: *41,4% (44% bei einigen mazerierten und Duty-free-Gins)*
Flaschengröße: *70 cl*
Herstellung: *traditionelle Kupferbrennblasen Bennett und Carter-Head*

Botanicals: *Schafgarbe, Koriander, Wacholder, Kamille, Kümmelsamen, Kubeben-Pfeffer, Holunderblüten, Orangenschale, Zitronenschale, Engelwurz, Iriswurzel. Am Ende werden Essenzen aus Zwiebel und bulgarischen Damaszener-Rosenblättern beigefügt*

1966 erwarb Charles Gordon, der Urenkel William Grants, Gründers der Whisky-Destillerien Glenfiddich und Balvenie, bei der Versteigerung des Nachlasses von Marshall Taplow – ein alter Destillierer, der um 1760 in East-London aktiv war – zwei historische Brennblasen, um Gin herzustellen: eine Carter-Head und eine Bennett. Ab 1999 wurde mit den beiden in der Destillerie Girvan installierten Brennblasen Hendrick's hergestellt, ein von Gordons Mutter gewählter Name, ihrem Gärtner zum Gedenken, der sich liebevoll um ihre Rosen gekümmert hatte. Der Herstellungsprozess ist komplex: die beiden Brennblasen werden mit den gleichen Botanicals befüllt und die erhaltenen Destillate in einem geheimen Verhältnis miteinander verschnitten. Die Bennett-Brennblase bringt vollere Aromen, mit Betonung auf Wacholder, Zitrone und den erdigen Wurzelnoten. Die Carter-Head-Anlage liefert leichtere, blumigere Noten, die im Dampfinfusions-verfahren extrahiert werden. Nach dem Verschnitt wird das Destillat unter Zugabe von Gurken- und Rosenblätteressenzen auf den finalen Alkoholgehalt gebracht.

Verkostung

Nase: *floral, krautig mit frischen Zitrusnoten*
Gaumen: *weich mit süßen Zitrusnoten*
Abgang: *lang und floral mit der charakteristischen Gurkennote*
Ideal: *für Gin Tonic mit einer Zwiebelscheibe*

Forenoon Fizz

60 ml Hendrick's • 15 ml Cointreau • 30 ml Zitronensaft •
1 Teelöffel Orangenmarmelade • Champagner

Methode: Shake & strain • Glas: hohe Flöte • Top: Champagner •
Garnitur: geröstetes Toastbrot

Gin, Marmelade, Zitronensaft und Cointreau ohne Eis in den Shaker geben. Schütteln, bis die Marmelade aufgelöst ist. Dann Eis zugeben und nochmals kräftig schütteln. In eine Champagnerflöte abgießen und mit Champagner auffüllen. Mit einem Toastbrot-Dreieck garnieren.

Malfy

Stil: *Dry Gin/innovativ*   **Herstellung:** *stählerne Vakuumbrennblasen*
Herkunft: *Italien*   **Botanicals:** *Wacholder, Zitrone und weitere*
Alkoholgehalt: *41%*   *fünf, darunter Zimtkassie, Koriander und*
Flaschengröße: *75 cl*   *Engelwurz*

Der Malfy Gin wird in Moncalieri, in der Nähe Turins, in einer Destillerie hergestellt, die auf das Jahr 1906 zurückgeht und im Besitz einer großen, internationalen Gruppe war. Carlo Vergnano gründete Torino Distillati, als er techni-
scher Direktor bei Seagram war, und baute die Anlage für die Produktion hochwertiger Spirituosen um. Nachdem sich der Erfolg dieses Unternehmens ein-
stellte, wurde es um einen Bau zur Brandy-Herstellung und vor allem für die
Fassreifung erweitert. Zitronenschale und -saft werden zusammen mit weiteren
Botanicals in Alkohol mazeriert und anschließend bei niedrigen Temperaturen
rund vier Stunden lang vakuumdestilliert. Durch die niedrige Temperatur
(unter 60° C) bleiben die Öle und Aromen im Endprodukt fast vollständig erhalten. Der Malfy wurde 2016 in großem Stil auf den Markt gebracht.

Verkostung
Nase: *sehr starke Zitronennote, Wacholder*
Gaumen: *ausgewogene Zitronen- und Wacholdernoten*
Abgang: *erfrischend, aromatisch und lang*
Ideal: *mit Negroni und Martini*

Bee's Knees

60 ml Malfy • 30 ml Zitronensaft • 30 ml Honigsirup

*Methode: Shake & strain • Glas: Cocktailschale •
Garnitur: Zitronenschale*

Für den Honigsirup den Honig in wenig Wasser vollständig auflösen.
Für den Cocktail alle Zutaten in einen Shaker mit Eis geben und schüt-
teln. Dann in eine gekühlte Cocktailschale füllen, ein Stück
Zitronenschale über dem Glas ausdrücken und dazugeben.

Monkey 47

Stil: *Dry Gin/innovativ*
Herkunft: *Deutschland*
Alkoholgehalt: *40%*
Flaschengröße: *50 cl*
Herstellung: *Kupferbrennblasen Holstein*
Botanicals: *47 verschiedene, darunter sechs Pfefferarten, Akazie, Kalmus, Mandel, Engelwurz, Bitterorange, Brombeere, Kardamom, Zimtkassie, Kamille, Zimt, Zitronenverbene, Gewürznelken, Koriander, rote Johannisbeere, Javapfeffer, Hundsrose, Holunderblüte, Ingwer, Paradieskörner, Weißdornbeeren, Abelmoschus, chinesischer Hibiskus, Heckenkirsche, Jasmin, Kaffir-Limette, Lavendel, Zitrone, Melisse, Zitronengras, Süßholz, Bergamotte, Muskatnuss, Iris, Piment, Pomelo, Hagebutte, Salbei, wilder Schlehdorn, Fichte*

Die Nummer neben dem Namen ist ein Hinweis auf die Anzahl der verwendeten Botanicals. Die Destillerie ist in einer alten Mühle im Schwarzwald untergebracht und wurde von Alexander Stein und dem Destilliermeister Christoph Keller gegründet. In seinem Präsentationsjahr 2008 zählte er zu den innovativsten Produkten. Die Herstellung beginnt mit der zweiwöchigen Mazeration der roten Johannisbeeren in einem Destillat aus Melasse, dann kommen Orangen, gemahlener, noch feuchter Wacholder und ein Großteil der Botanicals dazu. Die verbleibenden Botanicals werden im Inneren der Brennblase durch den Destillationsdampf extrahiert. Das fertige Destillat ruht drei Monate lang in Amphoren aus Terrakotta, in denen ein leicht trüber Gin heranreift. Jährlich wird ein Distiller's Cut in limitierter Auflage hergestellt, jedes Mal mit veränderter Rezeptur.

Verkostung
Nase: *Lavendel, Blumen, Gewürze und eine Zitrusnote; dazu kommen eine leichte Würze und ein florales Aroma*
Gaumen: *balsamische und frische Wacholdernoten, Minze und Pinie, dann Zitrusfrüchte und Blumen.*
Abgang: *lang, warm und würzig*
Ideal: *pur oder on the rocks*

47 Monkeys

50 ml Monkey 47 • 30 ml frischer Zitronensaft • 20 ml Pink-Grapefruit-Sirup • 5 ml Chartreuse verte • 3 Salbeiblätter

Methode: Shake & double strain • Glas: hoher Tumbler • Garnitur: Kaffir-Limetten- oder Limettenblätter

Die Zutaten in den Shaker mit Eis geben, schütteln und durch ein zusätzlichen Sieb in einen hohen, mit Eis gefüllten Tumbler abseihen. Mit Limettenblättern garnieren.

Santamania
Four Pillars

Stil: *aus Trauben destillierter Gin/innovativ*
Herkunft: *Spanien–Australien*
Alkoholgehalt: *40%*
Flaschengröße: *70 cl*

Herstellung: *Kupferbrennblasen Carl*
Botanicals: *Wacholder, Cornibabra-Oliven, Rosmarin, Bohnenkraut, Mandel, australische Myrte, wilde australische Tomate, Bergpfeffer*

Der Santamania Four Pillars ist eine Idee, die aus der Zusammenarbeit zweier Marken geboren wurde: der europäischen Santamania und der australischen Four Pillars. Der Destilliermeister Cameron Mackenzie von Four Pillar flog mit australischen Botanicals im Gepäck von Melbourne nach Madrid und beteiligte sich tatkräftig an der Produktion dieses Gins. Die Besonderheit dieses, in der einzigen städtischen Destillerie Spaniens produzierten Gins ist die Verwendung eines Traubenalkohols aus eigener Herstellung. Santamania stellt kleine Chargen zu höchstens 800 Flaschen her und verwendet dafür zwei Carl-Kupferbrennblasen, „Lola" und „Vera", die mit einer Destilliersäule gekoppelt sind. Zur Produktlinie von Santamania gehören u. a. auch ein London Dry, ein fassgereifter Gin und zwei Sorten Wodka.

Verkostung
Nase: *hervorstechende würzige und krautige Noten*
Gaumen: *weich, würzig, Ausgewogenheit der Zutaten, mit der süßen Note des Traubenalkohols*
Abgang: *weich, lang und würzig*
Ideal: *für Gin Tonic mit einem Rosmarinzweig garniert*

Rosemary Gimlet

60 ml Santamania Four Pillars • 25 ml Limettensaft • 25 ml Rosmarinsirup

Methode: Shake & stir • Glas: Cocktailglas • Garnitur: Limettenscheibe

Für den Rosmarinsirup Wasser und Zucker zu gleichen Teilen mit sehr klein gehacktem Rosmarin erwärmen, gelegentlich umrühren, abkühlen lassen und in einem Behälter in den Kühlschrank stellen. Für den Cocktail alle Zutaten in einen Shaker mit Eis geben und ca. dreißig Sekunden lang schütteln. In ein gekühltes Cocktailglas abgießen und mit einer Limettenscheibe garnieren.

Sipsmith V.J.O.P.

Stil: *Navy Strength/innovativ*
Herkunft: *UK/England*
Alkoholgehalt: *57,7%*
Flaschengröße: *70 cl*

Herstellung: *Kupferbrennblasen Carl mit Säule*
Botanicals: *Wacholder aus Mazedonien und weitere nicht deklarierte*

Der Sipsmith V.J.O.P., Very Juniper Over Proof, ist die wohl gewagteste Version dieser Marke, sowohl hinsichtlich des Alkoholgehalts als auch der gewollt hervortretenden Note des Wacholders aus Mazedonien. Sipsmith war die erste neue Destillerie, die nach zweihundert Jahren in London eröffnet wurde. Der Destilliermeister Jared Brown bedient sich zur Extraktion der ätherischen Öle des Wacholders gleich aller drei möglichen Techniken: Mazeration in Alkohol, Auskochen während der Destillation und Extraktion durch den Destillierdampf mittels eines Lochkorbs im oberen Teil der Brennblase. Zur Produktlinie gehören auch ein London Dry, ein Sloe Gin, der Lemon Drizzle – ein neu aufgelegter historischer Gin, London Cup, eine Art „Ginpunsch" mit Earl Grey und einem Alkoholgehalt von 29,5% sowie ein Wodka.

Verkostung

Nase: *dominante Pinien- und Wacholdernoten, gefolgt von Zedernholzduft*
Gaumen: *süß mit frischen, ausgewogenen Wacholder- und Nadelholznoten*
Abgang: *weich und lang mit Koriander- und Süßholznoten*
Ideal: *für Gimlet*

Boston Meet Prudence

40 ml Sipsmith V.J.O.P. • 25 ml Palo Cortado Sherry • 15 ml roter süßer Wermut • 3 Spritzer Fernet Branca

Methode: Stir & strain • Glas: Martiniglas • Garnitur: Orangenschale

Die Zutaten in ein Mixglas geben, umrühren, in ein gekühltes Martiniglas abgießen und ein Stück Orangenschale über dem Glas ausdrücken und dazugeben.

Cocktails

 Aviation

 Gibson

 Bijou

 Gimlet

 Clover Club

 Gin Basil Smash

 Corpse Reviver No. 2

 Gin Crusta

 French 75

 Gin Julep

 Gin Tonic

 Negroni

 Hanky Panky

 Pegu Club

 Jasmine

 Ramos Gin Fizz

 Last Word

 Red Snapper

 Martini-Cocktail

 Tom Collins

Aviation

Zutaten

60 ml Gin
20 ml Zitronensaft
7 ml Crème de Violette
5 ml Maraschino

Methode: Shake & strain • Glas: Coupette •
Garnitur: Cocktailkirsche

Zubereitung

Die Zutaten in einen Shaker mit Eis geben und schütteln. In eine Coupette abgießen und mit einer Cocktailkirsche garnieren. In manchen Rezepten fehlt die Crème de Violette (Veilchenlikör), weil sie lange Zeit nicht erhältlich war. Nach diesem Rezept erhält man einen trockenen Cocktail, aber man kann ihn auch mit mehr Crème de Violette oder Zuckersirup süßer machen, trotzdem vorsichtig dosieren. Ein Klassiker aus dem Savoy

Bijou

Zutaten

30 ml Gin
30 ml roter Wermut
30 ml Chartreuse Verte
1 Spritzer Orange Bitters

*Methode: Stir & strain • Glas: Martiniglas •
Garnitur: Zitronenschale*

Zubereitung

Die Zutaten in ein Mixglas mit Eis geben, umrühren, in ein gekühltes Martiniglas abgießen und mit Zitronenschale garnieren. Dieser Cocktail ist ein Klassiker aus dem 19. Jahrhundert und nach den Farben der Edelsteine benannt: Der Diamant ist der Gin, der Rubin der Wermut, und der Chartreuse erinnert an den Smaragd. In manchen Rezepten wird gelber Chartreuse benutzt, aber wie im Magazin Imbibe von David Wondrich beschrieben, ist grün die Farbe des Smaragds, und deshalb die logische Wahl. Am besten passt ein einfacher, trockener Gin.

Clover Club

Zubereitung

Die Zutaten ohne Eis in den Shaker geben und schütteln, Eis dazugeben, nochmals schütteln, in eine gekühlte Coupette abgießen und mit Himbeeren garnieren. Für standfesteren Schaum: Alle Zutaten ohne Eiklar in einen Shaker mit Eis geben, schütteln und in ein Mixglas abgießen, dann alles mit Eiklar ohne Eis nochmals im Shaker kräftig schütteln und in die Coupette gießen.

Corpse Reviver No. 2

Zutaten

20 ml Gin · 20 ml Lillet Blanc · 20 ml Zitronensaft ·
20 ml Curaçao Orange · 2 Spritzer Absinth

Methode: Shake & strain · Glas: Coupette ·
Garnitur: Zitronenschale

Zubereitung

Die Zutaten in einen Shaker
mit Eis geben und schütteln,
in eine Coupette abgießen
und mit Zitronenschale
garnieren. Am besten passt
ein trockener Gin. Ein
Klassiker aus dem Savoy.

French 75

Zutaten

40 ml Gin • 15 ml Zitronensaft • 7,5 ml Zuckersirup
(Wasser/Zucker zu gleichen Teilen)

Methode: Shake & strain
Glas: Flöte
Top: Champagner
Garnitur: Cocktailkirsche

Zubereitung

Die Zutaten in einen Shaker mit
Eis geben und schütteln, in eine
Flöte gießen, mit Champagner
aufgießen, mit einer
Cocktailkirsche oder
Zitronenschale garnieren. Dieser
Cocktail ist eine Variation des
Tom Collins mit Champagner.
Normalerweise wird er in einer
Flöte serviert, er schmeckt aber
auch mit Eis aus einem
Collinsglas.

Gibson

Zutaten

60 ml Gin
1 Barlöffel trockener Wermut

Methode: Stir & strain • Glas: Martiniglas •
Garnitur: Silberzwiebeln

Zubereitung

Alle Zutaten in ein Mixglas mit Eis geben und
umrühren. In ein gekühltes Martiniglas abgießen
und mit Silberzwiebeln garnieren.

Gimlet

Zubereitung

Die Zutaten in einen Shaker mit Eis geben und schütteln, in eine gekühlte Coupette abgießen und mit Limettenschale garnieren. Zwar gibt es fertigen Lime Juice Cordial verschiedener Marken im Handel, aber mit einem selbst hergestellten schmeckt der Cocktail um vieles besser. Man kann den Cocktail auch gerührt statt geschüttelt zubereiten. Vor allem in Japan wird er oft unter Zugabe von Kristallzucker gemixt.

Zutaten

75 ml Gin
20 ml Limettensaft
20 ml Lime Juice Cordial

Methode: Shake & strain • Glas: Coupette •
Garnitur: Limettenschale

Gin Basil Smash

Zutaten

50 ml Gin
25 ml Zitronensaft
15 ml Zuckersirup
(Wasser/Zucker zu gleichen Teilen)
4 Blätter Basilikum

Methode: Shake & double strain
Glas: Old-fashioned (Tumbler)
Garnitur: Basilikumblatt

Zubereitung

Den Basilikum in den Shaker geben und mit einem Stößel leicht zerstoßen, die restlichen Zutaten dazugeben, schütteln und durch ein zusätzliches Sieb in einen Tumbler mit Eis abseihen. Mit einem Basilikumblatt garnieren. Eine Cocktail-Kreation von Jörg Meyer aus der Hamburger Lion Bar – ein moderner Klassiker.

Zutaten

60 ml Gin
20 ml Zitronensaft
7,5 ml Curaçao Orange
5 ml Maraschino
5 ml Zuckersirup
(Wasser/Zucker zu gleichen Teilen)

Methode: Shake & strain
Glas: schmale Tulpe
Garnitur: Zuckerkruste und Orangenschale

Gin Crusta

Zubereitung

Die Zutaten in einen Shaker mit Eis
geben und schütteln. In eine
Sekttulpe mit Zuckerrand
abgießen und mit einem Stück
Orangenschale garnieren.

Gin Julep

Zutaten

60 ml Gin
1 Stück Würfelzucker
5 Spritzer Angostura Bitter
5 Minzblätter
Soda

Methode: Build
Glas: Tumbler/kleiner Tin
Garnitur: Ein Zweig Minze
und eine getrocknete
Orangenscheibe.
Optional auch
ein Strohhalm

Zubereitung

Ein Stück Würfelzucker mit ein paar Spritzern
Angostura Bitter tränken und in einen Tumbler oder
einen kleinen Mixbecher aus Edelstahl geben, Minze
und einige Tropfen Soda dazugeben, das Glas kurz
schwenken, um den Zucker aufzulösen. Grob zerstoßenes
Eis dazugeben und den Gin darübergießen, umrühren,
mit Eis auffüllen und mit einem Zweig Minze und einer
getrockneten Orangenscheibe garnieren.

Gin Tonic

Zutaten

50 ml Gin
150 ml Tonic Water

Methode: Build
Glas: Highball- oder Collinsglas
Garnitur: Zitronenscheibe

Zubereitung

Ein Highball- oder Collinsglas mit
Eis füllen, zuerst den Gin, dann das
Tonic Water eingießen und
umrühren. In einem breiten Glas
entfaltet sich das Aroma des Tonic
Waters besser. Die klassische
Garnitur ist eine Zitronenscheibe, bei
den modernen Varianten finden sich
auch weitere Botanicals im Glas.

Hanky Panky

Zutaten

50 ml Gin

30 ml roter Wermut

5 ml Fernet-Branca

Methode: Stir & strain

Glas: Coupette

Garnitur: Orangenschale

Zubereitung

Die Zutaten in ein Mixglas mit Eis geben, umrühren, in eine gekühlte Coupette abgießen und mit Orangenschale garnieren. Ein großer Klassiker, den Ada Coleman, Barmanagerin im Savoy, erfand. Der Name stammt vom Ausruf des Schauspielers Charles Hawtrey, nachdem er den Cocktail probiert hatte.

Man kann diesen Cocktail auch nach der Throwing-Technik zubereiten, dabei gießt man die Zutaten eindrucksvoll einige Male zwischen zwei Tins hin und her.

Jasmine

Zutaten

45 ml Gin • 20 ml Bitter • 15 ml Zitrone • 15 ml Cointreau

Methode: Shake & strain • Glas: Coupette
Garnitur: Zitronenschale

Zubereitung

Die Zutaten in einen Shaker
mit Eis geben und schütteln.
In eine gekühlte Coupette
abgießen und mit
Zitronenschale garnieren.
Dieser Cocktail wurde Mitte
der 1990er-Jahre in
Kalifornien kreiert und ist ein
idealer Aperitif.

Last Word

Zutaten

20 ml Gin • 20 ml Chartreuse verte • 20 ml Maraschino •
20 ml Zitrone

Methode: Shake & strain • Glas: Coupette •
Garnitur: getrocknete Limettenscheibe

Zubereitung

Die Zutaten in einen Shaker
mit Eis geben und schütteln.
In eine gekühlte Coupette
abgießen und mit einer
getrockneten
Limettenscheibe garnieren.
Dem Rezept nach werden alle
Zutaten zu gleichen Teilen
verwendet. Für einen
trockeneren Cocktail
reduziert man den
Maraschino. Als Variation
kann man auch Chartreuse
jaune und verte gemeinsam
verwenden.

Zutaten

60 ml Gin
1 Barlöffel trockener Wermut
1 Spritzer Orange Bitters

Methode: Stir & strain
Glas: Martiniglas
Garnitur: je nach Geschmack Olive oder Zitrone

Zubereitung

Die Zutaten in ein Mixglas mit Eis geben und umrühren. In ein gekühltes Martiniglas abgießen und mit einer Olive oder Zitronenschale garnieren. Es ist im Trend, den Wermut fast gänzlich wegzulassen, auch wenn der Martini anfangs nicht so markant trocken war; oft wird nach der In & Out-Technik gemixt: Man gießt den Wermut in ein Martiniglas mit Eis, schwenkt es, um das Glas zu benetzen und zu kühlen und schüttet ihn weg, dann gießt man den in einem Shaker mit Eis gekühlten Gin in das Glas.

Martini-Cocktail

Negroni

Zutaten

30 ml Gin
30 ml Bitter Campari
30 ml roter Wermut
ein Tropfen Soda

Methode: Stir & strain
Glas: Old-fashioned (Tumbler)
Garnitur: Orangenscheibe oder Zitronenschale

Zubereitung

Die Zutaten in ein Mixglas mit Eis geben, umrühren und in einen mit Eis gefüllten Tumbler abgießen. Mit einer Orangenscheibe oder einem Stück Zitronenschale garnieren. Ein Klassiker mit vielen Varianten, der auch direkt im Tumbler aufgebaut und gerührt werden kann. Durch die „Stir & strain"-Technik wird der Cocktail jedoch homogener und harmonischer. Die Orangenscheibe kann als Zutat betrachtet werden, denn sie beeinflusst Geschmack und Aroma.

Pegu Club

Zutaten

60 ml Gin
Saft einer halben Limette
15 ml Curaçao Orange
2 Spritzer Angostura Bitter
1 Spritzer Orange Bitters

Methode: Shake & strain • Glas: Coupette
Garnitur: Limettenschale

Zubereitung

Die Zutaten in einen Shaker
mit Eis geben und kräftig
schütteln, damit viel Sauerstoff
eingearbeitet wird.
In eine gekühlte Coupette abgießen und mit
Limettenschale garnieren. Perfekt für Liebhaber
trockener und starker Cocktails.

Glas: Collinsglas
Top: 30 ml Soda
Garnitur: Zitronenscheibe

Zubereitung

Alle Zutaten in den Shaker
geben, Eis dazugeben und
mindestens zwei Minuten
lang schütteln. In ein
Collinsglas abgießen und mit
Soda auffüllen. Weil Sahne
und Eiklar aufgeschlagen
werden müssen, kann man
sich mit einem
Milchaufschäumer behelfen,
bevor man das Eis dazugibt.

Red Snapper

Zutaten

60 ml Gin • 90 ml Tomatensaft • 15 ml Zitrone •
3–5 Wacholderbeeren • 4 Spritzer Worcestersauce •
2 Spritzer Tabasco • 2–3 Umdrehungen Pfeffer aus der Mühle

Methode: Slow build
Glas: Highball- oder
Collinsglas
Garnitur: Salzrand (Glasrand
vorher mit Zitrone einreiben)

Zubereitung

Ein Collinsglas mit Salzrand
versehen, Wacholderbeeren
zerstoßen und die weiteren
Zutaten direkt ins Glas
dazugeben. Mit Eis auffüllen
und rühren, bis die
gewünschte Konsistenz
erreicht ist. Man kann diesen
Cocktail auch nach der
Throwing-Technik zubereiten,
dabei gießt man die Zutaten
einige Male zwischen zwei
Tins hin und her.

Tom Collins

Zutaten

50 ml Gin
30 ml Zitronensaft
15 ml Zuckersirup
(Wasser/Zucker zu gleichen Teilen)

Methode: Shake & strain
Glas: Collinsglas
Top: Soda
Garnitur: Zitronenschale

Zubereitung

Die Zutaten in einen Shaker mit Eis geben und schütteln. In ein Collinsglas abgießen, mit Soda auffüllen und mit einem Stück Zitronenschale garnieren. Der Tom Collins ist traditionell ein amerikanischer Cocktail, der ursprünglich mit Old Tom Gin und Streuzucker im Shaker gemixt wurde. Man kann die Zutaten aber auch direkt in ein Collinsglas mit Eis geben, umrühren und mit Soda nach Geschmack auffüllen.

Die Autoren

Davide Terziotti, Whisky-Liebhaber und Experte in der Welt der Spirituosen, leitet seit 2009 den Whisky-Blog „Angel's Share – Die Wurzeln, die Personen und das Wesen der Destillate". 2014 hat er als Mitbegründer den Whisky Club Italia mit dem Ziel ins Leben gerufen, sein Wissen über die Kultur hochwertiger Destillate bei Events, in Kursen, auf Festivals und durch seine redaktionelle Tätigkeit zur Verfügung zu stellen.

Vittorio D'Alberto ist der Gründer von „Gin Italy", einem Blog, der seit 2013 auf Facebook, Instagram und Twitter ausschließlich dem Gin gewidmet ist. Gin Italy zeigt die Präsenz des „Made in Italy" im internationalen Panorama des Gins, die trotz der italienischen Wacholderbeeren, die seit Jahrhunderten nach England verschickt werden, oft unterbewertet wird. Als leidenschaftlicher Irlandreisender hat er sich intensiv mit den englischen „Spirits", besonders dem Gin, beschäftigt.

Fabio Petroni hat nach seinem Studium der Fotografie mit den Besten der Branche zusammengearbeitet. Sein beruflicher Werdegang brachte ihn zur Schaffung von Stillleben, ein Gebiet, in dem er seinen intuitiven und präzisen Stil unter Beweis stellte. Er arbeitet mit namhaften Werbeagenturen zusammen und wirkte maßgeblich an zahlreichen Kampagnen für weltbekannte Unternehmen mit, darunter auch große italienische Marken.

Ekaterina Logvinova wurde 1988 in Samara (Russland) geboren. Nach ihrem Abschluss in Wirtschaft und Management an der Universität für Luft- und Raumfahrt Samara zog es sie nach Italien, wo sie in Mailand einen Abschluss in Personalwesen machte. Danach wechselte sie in die Welt der Spirituosen, Cocktails und Mixologie, für die ihr Herz schlägt. Sie arbeitete im Milano MAG, Julep's und auf der Terrazza 12 des Brian & Berry Buildings, dann als Barmanagerin im Mailänder The Botanical Club. Seit 2013 ist sie Markenbotschafterin von Elephant Gin.

Bildnachweis

Einige der Umrechnungen (oz/ml) in diesem Buch sind als ungefähre Werte zu verstehen – professionelle Bartender arbeiten mit der internationalen Maßeinheit „fl oz", jedoch haben sich die Autoren für ml als Flüssigkeitsmaß entschieden, um das Mixen der Cocktails für den Leser zu vereinfachen.

Danksagung

Wir danken dem Mailänder The Botanical Club für die Gastfreundschaft und die Unterstützung bei der Realisierung der fotografierten Cocktails.

Des Weiteren danken wir den Firmen
Beneforti's, Beija Flor, Celebrity, Compagnia dei Caraibi, Diageo Italia, Fine Spirits, Malfy, Mediland, Meregalli, Onesti Group, Primalux Spirits, Shortcross Gin, Skin Gin, Spirits of Independence, Velier

und ihren Repräsentanten
Paola Algeri, Mathilde de Ramel, Marina del Puppo, Maurizio Andriano, Enrico Magnani, Andrea Gasparri, Maurizio Cagnolati, Roberto D'Alessandro, Jacques Zwartjes, Marco Callegari, Angelo Canessa, Sharon McHarrie, Antonio Beneforti, Massimo Tam, Elwyn Gladstone, Jan Hellwage, Fiona Boyd, Fabio Torretta,

die uns die Realisierung dieses Werkes erleichtert haben.

Besonderer Dank für ihre Unterstützung und Überarbeitung der Texte geht an Daniela Daniele, Pietro Fontana, Thais Siciliano, Paolo Tagliabue.

Nützliche Webseiten

Beefeater Burrough's Reserve: www.beefeatergin.com

Bluecoat Barrel Reserve: www.bluecoatgin.com

Bulldog: www.bulldoggin.com

Burleigh's Distiller's Cut: www.burleighsgin.com

Caorunn: www.caorunngin.com

Cotswolds: www.cotswoldsdistillery.com

Elephant Gin: www.elephant-gin.com

G'Vine Floraison: www.g-vine.com

Gin Mare: www.ginmare.com

Ginraw: www.ginraw.com

Hayman's Old Tom: www.haymansgin.com

Hendrick's: www.hendricksgin.com

Hernö Juniper Cask Gin: www.hernogin.com

Jensen's Old Tom: www.bermondseygin.com

Juniper Green Trophy Organic: www.junipergreen.org

Malfy: www.malfygin.com

Martin Miller's 9 Moons: www.martinmillersgin.com

Mayfair: www.mayfairbrands.com

Monkey 47: www.monkey47.com

No. 209: www.distillery209.com

Plymouth Navy Strength: www.plymouthgin.com

Santamania Four Pillars: www.santamania.com

Shortcross: www.shortcross.com

Sipsmith V.J.O.P.: www.sipsmith.com

Skin Gin: www.skin-gin.com

Star Of Bombay: www.bombaysapphire.com

Tanqueray Bloomsbury Edition: www.tanqueray.com

Tarquin's: www.southwesterndistillery.com

The Botanist: www.thebotanist.com

Ungava: www.ungava-gin.com

Vallombrosa Gin Dry: www.evallombrosa.it

William Elegant Chase: www.chasedistillery.co.uk

Redaktionelle Leitung

VALERIA MANFERTO DE FABIANIS

LAURA ACCOMAZZO

Grafische Gestaltung

MARIA CUCCHI

WHITE STAR VERLAG

WS White Star Verlag® ist eine eingetragene Marke von White Star s.r.l.

© 2019 White Star s.r.l.
Piazzale Luigi Cadorna, 6 - 20123 Mailand, Italien
www.whitestar.it

Übersetzung: Simone Blass - Textredaktion: Rainer Schöttle

ISBN 978-88-6312-376-0
4 5 6 7   26 25 24 23 22

Gedruckt in Kroatien